Yhteistoiminta hyvinvointialueella

Yhteistoiminta hyvinvointialueella

Yhteistoiminta hyvinvointialueella

Pekka Suonsivu

Tekijä on saanut Suomen Tietokirjailijat ry:n apurahan

Kustantaja: BoD · Books on Demand GmbH, Helsinki, Suomi

Kirjapaino: Libri Plureos GmbH, Hampuri, Saksa

ISBN: 978-952-80-8342-9

Lukijalle

Pitkän valmistelun tuloksena hyvinvointialueet aloittivat Suomessa toimintansa vuoden 2023 alussa. Hyvinvointialueella tarkoitetaan kunnista ja valtiosta erillistä julkisoikeudellista yhteisöä, jolla on alueellaan itsehallinto. Hyvinvointialue vastaa sosiaali- ja terveydenhuollosta sekä pelastustoimesta. Sosiaali - ja terveysalan toimintojen yhdistäminen loi uusia suuria ja moniportaisia työorganisaatioita. Työnantajan ja henkilöstön yhteistoiminnan järjestäminen hyvinvointialueella vaati vuodelta 2007 olevan kunta-alan yhteistoimintalain uudistamista. Laki työnantajan ja henkilöstön välisestä yhteistoiminnasta kunnassa ja hyvinvointialueella tuli voimaan 1.7.2021. Työsuojelun osalta työmarkkinaosapuolet solmivat 27.10.2022 työsuojelun yhteistoimintaa koskevan virka- ja työehtosopimuksen, mikä koskee myös hyvinvointialueita.

Elämme aikaa, jolloin yhteiskunnan resurssit sosiaali- ja terveystoimessa ovat rajalliset, niin rahoituksen kuin henkilöstön suhteen. Tämän seurauksena toimintoja keskitetään ja organisoidaan uudelleen. Esimerkiksi osa terveyskeskusten vuodeosastoista joudutaan sulkemaan ja monesta kunnasta poistuu terveysasema kokonaan. Osa sosiaali- ja terveysalan henkilöstöstä joutuu muuttamaan työpaikkaa ja syntyy uusia työyhteisöjä. Johtajien ja esihenkilöiden työn vaativuus muutoksessa kasvaa ja henkilöstön edustajien yhteistyötaidot korostuvat. Entistä tärkeämmäksi nouseekin yhteistoiminnan ydin eli työnantajan ja henkilöstön voimavarojen yhdistäminen yhteisten päämäärien saavuttamiseksi. Haetaan siis kumpaakin osapuolta ja koko työyhteisöä hyödyttäviä ratkaisuja yhdessä.

Tämän kirjan tarkoituksena on selvittää, miten yhteistoiminta hyvinvointialueella on organisoitu ja miten se toimii? Esimerkkiorganisaationa on Suomen suurin hyvinvointialue. Lisäksi kirja sisältä taustatietoa ja tutkimustietoa työnantajan ja henkilöstön yhteistoiminnasta.

Kirjan kohderyhmänä ovat työorganisaatioiden johtajat ja esihenkilöt sekä henkilöstön edustajat. Kirja soveltuu myös tietoteokseksi hallintoa opiskeleville ja työelämän kehittämisestä kiinnostuneille.

Tampereella 15.8.2024

Pekka Suonsivu

Sisältö

Johdanto yhteistoimintaan

Kirjoittaessani tätä kirjaa talvella ja keväällä 2024 Suomessa tapahtui asioita, joissa yhteistoiminnan elementit olivat läsnä, tai sitten eivät olleet. Tammikuussa ja helmikuussa käytiin presidentinvaalit, joissa toiselle kierrokselle selviytyneet ehdokkaat kävivät sivistyneen asialliset vaalikampanjat. Valittu presidentti ilmaisi olevansa koko kansan presidentti ja korosti kansakunnan yhtenäisyyden merkitystä.

Samaan aikaan Suomen hallitus ja ammattiyhdistysliike olivat napit vastakkain. Hallitus ajoi valtakuntaan työelämää koskevia muutoksia, jotka olivat hallituksen mielestä välttämättömiä. Ammattijärjestöjen mielestä hallitus ajoi työntekijöiden etujen vastaisia ja koko sopimusjärjestelmää rapauttavia muutoksia, eikä siten voinut niitä hyväksyä. Seurauksena olivat laajat poliittiset lakot.

On hyvä palauttaa mieliin, että jo vuonna 1940 Suomessa pyrittiin ratkaisemaan asioita yhteisymmärrykseen pyrkien. Tammikuussa 1940 Suomen Työnantajain Keskusliitto tunnusti ammattiliitot ja keskusjärjestö SAK:n neuvotteluosapuoliksi työmarkkinoita koskevissa kysymyksissä. Osapuolet sopivat pyrkivänsä löytämään asioista neuvotellen yhteisymmärrys. Tällöin luotiin pohja työehtosopimusjärjestelmälle ja sopimusmenettelylle sekä henkilöstön osallistumisjärjestelmälle.

Nykyisin Suomessa työnantajan ja henkilöstön välisestä yhteistoimintaa säätelevät yhteistoimintalait ja työmarkkinaosapuolten väliset valtakunnalliset ja paikalliset sopimukset. Yhteistoiminta on parhaimmillaan silloin, kun osapuolten voimavarat yhdistetään yhteisen päämäärän saavuttamiseksi. Käsitteenä yhteistoiminta tarkoittaa sitä, että vastakkain olevien osapuolten intressit pyritään yhteistoiminnan avulla sovittamaan yhteen.

Olen kirjassani "Katsaus yhteistoiminnan historiaan" kuvannut yhteistoimintamenettelyä seuraavasti: "Yhteis-

toimintamenettely tarkoittaa määrämuotoista lailla sää-
deltyä ja sopimuksilla sovittua tapaa järjestää työnanta-
jan ja henkilöstön välinen yhteistoiminta käytännössä.

Yhteistoimintamenettelyn piiriin kuuluvissa asioissa
työnantajan on ennen asian ratkaisemista neuvoteltava
yhteistoiminnan hengessä valmisteilla olevan toimenpi-
teen perusteista, vaikutuksista ja vaihtoehdoista ainakin
niiden viranhaltijoiden ja työntekijöiden tai heidän edus-
tajiensa kanssa, joita asia koskee. Yhteistoimintaa tapah-
tuu itse työssä, esimiehen ja alaisen välillä, työpaikkata-
solla sekä edustuksellisena yhteistoimintana". (Suonsivu
2023.) Edustuksellisia yhteistoimintaelimiä ovat esimer-
kiksi yhteistyötoimikunnat ja yhteistyöryhmät tai muut
vastaavat

Yhteistoimintamenettelyssä henkilöstö pääsee vaikutta-
maan omaa työtään ja omaa työyhteisöään koskeviin asi-
oihin ennen kuin niistä tehdään päätöksiä. Yhteistoimin-
tamenettely on kanava, väline ja keino saada päättäjälle
päätöksenteon tueksi henkilöstön näkemykset asiaan

sekä selvittää henkilöstölle päätöksen perusteluja ja vaikutuksia. (Suonsivu 2018.)

Hyvinvointialueella työnantajan ja henkilöstön välinen yhteistoiminta on toimintaa julkisen yhteisön sisällä, jossa ylintä päätösvaltaa käyttää demokraattisesti valittu aluevaltuusto. Yhteistoiminta ei rajoita päätöksentekijöiden päätösvaltaa. He tekevät päätöksiä, vaikka yhteistoimintamenettelyssä ei olisikaan saavutettu yhteisymmärrystä. Yhteistoimintamenettelyssä kuitenkin edellytetään osapuolia neuvottelemaan asioista yhteisymmärrykseen pyrkien.

Työnantajan ja henkilöstön yhteistoiminta käsittää myös työsuojelun yhteistoiminnan, jota toteutetaan suoraan työpaikoilla lähiesihenkilön ja työntekijän kesken sekä edustuksellisissa työsuojelutoimikunnissa tai vastaavissa. Työsuojelun yhteistoiminnan toimijoita ovat työnantajaa edustavat työsuojelupäälliköt ja henkilöstöä edustavat työsuojeluvaltuutetut sekä työsuojeluyhdyshenkilöt. Työsuojelusta vastaa työnantaja ja työnantajan edustajat, johtajat ja esihenkilöt eri organisaatiotasoilla.

Yhteistoimintaa koskevat säädökset Euroopan unionissa

Suomi liittyi Euroopan unioniin vuonna 1995. Nykyisellään unionin väestömäärä on noin 510 miljoonaa henkilöä. Puhuttaessa työnantajan ja henkilöstön yhteistoiminnasta on hyvä katsoa myös keskeiset eurooppalaiset arvot ja yhteistoimintaa koskevat EU:n säädökset.

Lyhyesti lueteltuina arvoina ovat: ihmisarvo, vapaus, demokratia, tasa-arvo, oikeusvaltioperiaate ja ihmisoikeudet. Ihmisarvo on kaikkien perusoikeuksien perusta. Vapaus tarkoittaa oikeutta liikkua ja asua vapaasti unionin alueella. Lisäksi vapauteen kuuluvat muun muassa yksityiselämän kunnioittaminen, uskonnon vapaus, sananvapaus, kokoontumisvapaus ja tiedonvälityksen vapaus. EU:n toiminta perustuu edustukselliseen demokratiaan ja tiettyihin poliittisiin oikeuksiin. Tasa-arvo merkitsee yhdenvertaisuutta lain edessä ja naisten ja miesten välistä tasa-arvoa. Oikeusvaltionperiaatteet sisältävät esimerkiksi sen, että toiminta saa oikeutuksensa EU:n perussopimuksesta, jonka jäsenvaltiot ovat yhdessä demokraattisesti sopineet. Se tarkoittaa myös riippumatonta oikeuslaitosta. Ihmisoikeudet on suojattu EU:n peruskirjalla. Näitä oikeuksia ovat esimerkiksi oikeus suojeluun syrjinnältä, joka perustuu sukupuoleen, rotuun tai etniseen alkuperään, uskontoon tai vakaumukseen, vammaisuuteen, ikään tai sukupuoliseen suuntautumiseen, oikeus henkilötietojen suojaan ja oikeus saattaa asia tuomioistuimen käsiteltäväksi (Satuli 2020).

Yhteistoimintaa koskevat säädökset ovat **yhteistoimintamenettelydirektiivi** ja **sosiaalinen peruskirja.** Direktiivissä määritellään vähimmäistavoitteet, jotka jokaisen EU-maan on täytettävä. Maat saavat kuitenkin päättää asiaa koskevista kansallisista laeista ja ylittää halutessaan vähimmäisvaatimukset. Yhteistoimintadirektiivi hyväksyttiin vuonna 2002 ja Suomessa sen katsottiin koskevan kuntia ja valtiota työnantajina. Direktiivi luo yleiset puitteet vähimmäisvaatimuksista työntekijöiden oikeuksista saada tietoja ja tulla kuulluksi. Yksityiskohtaiset säännöt tiedottamisesta ja kuulemisesta määritellään jäsenvaltioiden lainsäädännön mukaisesti (HE 267/2006).

Yhteistoimintadirektiivin mukaan tiedottaminen ja kuuleminen sisältävät:

> Tiedottamisen yrityksen toiminnan viimeaikaisesta ja todennäköisestä kehityksestä ja taloudellisesta tilanteesta

> Tiedottamisen ja kuulemisen yrityksen työllisyystilanteesta, sen rakenteesta ja todennäköisestä kehityksestä sekä mahdollisista suunnitelluista ennakoivista toimenpiteistä erityisesti työpaikkojen ollessa uhattuina

> Tiedottamisen ja kuulemisen päätöksistä, jotka saattavat muuttaa merkittävästi työn organisointia ja työsopimussuhteita.

Yhteistoimintamenettelydirektiivi edellyttää, että tiedot annetaan asianmukaisina ajankohtina, asianmukaisin tavoin ja asianmukaisen sisältöisenä. Tämä erityisesti siksi, että työntekijöiden edustajat voivat perehtyä riittävästi asioihin ja valmistautua tarvittaessa kuulemiseen. Kuulemisen tarkoituksena on saada aikaan sopimus kuulemisen kohteena olevasta asiasta (EU 2002, Suonsivu 2019.)

Euroopan **sosiaalinen peruskirja** tuli Suomen osalta voimaan vuonna 2002. Keskeinen säädös yhteistoimintalainsäädännön kannalta on 21. artikla, mikä koskee oikeutta tiedon saantiin ja yhteisiin neuvotteluihin. Sopijaosapuolet sitoutuvat toteuttamaan ja kannustamaan toimia, jotka mahdollistavat sen, että työntekijät ja heidän edustajansa kansallisen lainsäädännön mukaisesti:

> Saavat säännöllisesti tai sopivana ajankohtana ymmärrettävällä tavalla tietoa sen yrityksen taloudellisesta tilanteesta, jonka palveluksessa he ovat, kuitenkin siten, että sellaisen tiedon paljastaminen, joka saattaisi olla yritykselle haitallinen voidaan kieltää tai estää luottamuksellisena.

> Saavat hyvissä ajoin neuvotella sellaisten ehdotettujen päätösten osalta, jotka voivat olennaisesti vaikuttaa työn-

tekijöiden etuihin, erityisesti niissä
päätöksissä, joilla voisi olla merkittävä
vaikutus yrityksen työllisyystilanteeseen.
(SopS 80/2002, Suonsivu 2019).

Muita yhteistoimintalainsäädännön piiriin kuuluvia artik-

loita ovat esimerkiksi nämä, jotka koskevat tiedonsaantia

ja oikeutta neuvotella joukkoirtisanomismenettelyssä,

järjestäytymisoikeutta, kollektiivista neuvotteluoikeutta,

oikeutta osallistua työoloja ja työympäristöä koskevaan

päätöksentekoon, oikeutta ihmisarvoiseen kohteluun

työssä sekä työntekijöiden edustajien oikeutta suojeluun

yrityksessä ja heille annettavia toimintamahdollisuuksia

(HE 267/2006, Suonsivu 2019).

Seuraavassa osiossa tarkastelen työnantajan ja henkilös-

tön välisen yhteistoiminnan kehitystä Suomessa tiiviste-

tysti viime vuosisadan puolelta nykypäivään.

Yhteistoiminnan kehitys Suomessa

1960 –luvulla Suomessa virisi keskustelu henkilöstön vaikutusmahdollisuuksien lisäämiseksi työpaikoilla. Todettiin, että henkilöstöä koskeva päätöksenteko oli edennyt liian kauaksi henkilöstöstä ja päätöksiä tehtiin kuulematta henkilöstöä. Pääministeri Paasio piti vuonna 1966 puheen, jossa hän puuttui tähän epäkohtaan. Puheen jälkeen vaatimukset vaikutusmahdollisuuksien lisäämiseksi entisestään lisääntyivät.

1970 –luvulla kuntatyönantaja ja ammatilliset pääsopijajärjestöt solmivat työpaikkademokratiaa koskevan suositussopimuksen (Suositussopimus kunnallisesta työpaikkademokratiasta 1977). Suositussopimuksen allekirjoittajina olivat: Suomen kaupunkiliitto, Suomen kunnallisliitto, Finlands svenska kommunförbund, Sairaalaliitto, kunnallisen sopimusvaltuuskunnan toimiston johtokunta sekä viranhaltijoita ja työntekijöitä edustavien yhdistysten keskusjärjestöt; Akava ry, Julkisten työalojen ammattiliitto JTA ry, Kunnallisten työntekijäin ja viranhaltijain liitto KTV ry ja TVK:n virkamiesjärjestöt TVK-V ry.

Työpaikkademokratiaa koskevan suositussopimuksen lisäksi osapuolet solmivat koulutussuositussopimuksen, tiedotussuositussopimuksen ja rationalisointia koskevan suositussopimuksen. Kunnissa ja kuntainliitoissa laadittiin työpaikkademokratiasuositussopimuksen pohjalta paikallisia toimintasääntöjä, joissa määriteltiin tarkemmin työnantajan ja henkilöstön välisen yhteistoiminnan muodot ja toimintatavat. Työpaikkademokratian muotoja olivat välitön ja edustuksellinen työpaikkademokratia.

Välitön työpaikkademokratia tarkoitti ensinnäkin esimiehen ja työntekijän kesken tapahtuvaa keskustelua työstä ja työolosuhteista ja sovituista menettelyistä. Toinen tärkeä välittömän työpaikkademokratian muoto oli työpaikkakokous, jossa asioista keskusteltiin koko työyhteisön henkilöstön ja esimiehen kesken. Työpaikkakokoukset otettiin laajasti käyttöön vuonna 1979 niilläkin työpaikoilla, joissa ei aiemmin ollut vakiintuneita vastaavia kokouskäytäntöjä. Työpaikkakokousasiat liittyivät pitkälti suoraan työhön liittyviin kysymyksiin, mutta niissä käsiteltiin myös esimerkiksi toimintasuunnitelmia, taloutta, hankintoja, koulutustarpeita, vuosilomia, jne. Työpaikkakokouksista laadittiin muistiot, joihin kirjattiin läsnäolijat, käsitellyt asiat, keskeiset kannanotot ja tehdyt päätökset. Näin työntekijät pääsivät vaikuttamaan omaa työtään ja työolosuhteitaan koskeviin asioihin, vaikka päätösvalta säilyikin esimiehillä. Työpaikkakokoukset tukivat esimiestä ja päätöksenteko sekä lisäsi henkilöstön tietoisuutta työyksikkönsä asioista.

Edustuksellinen työpaikkademokratia tarkoitti yhteistoimintaelimiä, esimerkiksi yhteistyökomiteoita, joissa rakenne oli 1/3 työnantajan edustajia ja 2/3 henkilöstön edustajia. Laajalla henkilöstöedustuksella pyrittiin siihen, että ainakin keskeiset ammattiryhmät olivat edustettuina. Työnantajan edustajat olivat yleensä ylimmästä johdosta. Yhteistyökomiteat käsittelivät laajoja, koko työpaikkaa koskevia asioita, joita olivat esimerkiksi toiminta-, talous- ja henkilöstösuunnitelmat. Henkilöstön edustajat antoivat kyseisitä suunnitelmista lausuntoja kunnan tai kuntainliiton hallitukselle. Päätösvalta pysyi hallituksella ja viime kädessä valtuustolla, mutta niillä oli päätöksiä tehdessään tiedossa henkilöstön kannanotot ja näkemykset.

Yhteistyökomitealla oli myös jaostoja, kuten koulutusjaosto ja tiedotusjaosto. Esimerkiksi erään sairaalakuntainliiton koulutusjaostossa ja tiedotusjaostossa oli kummassakin kaksi työnantajan edustajaa ja neljä henkilöstön edustajaa. Koulutusjaosto käsitteli vuosittaisen koulutussuunnitelman ja päätti koulutusmäärärahan jaosto ja jopa yksittäisistä koulutushakemuksista. Viime kädessä päätökset aina vahvisti kuntainliiton liittohallitus. Tiedotusjaosto muun muassa laati sairaalan tiedotussuunnitelman ja toimi henkilöstölehden toimituskuntana. (Suonsivu 2020.)

Työpaikoilla oli myös pelkästään henkilöstön edustajista koostuneita henkilökuntaneuvostoja. Nämä tekivät aloitteita ja valmistelivat henkilöstön kannanottoja yhteistyökomiteassa käsiteltäviin asioihin. Henkilökuntaneuvostoille saatettiin myös antaa henkilökunnan vapaa-ajan ja virkistystoiminnan tehtäviä.

1970 –luvun lopulla Suomessa säädettiin ensimmäinen työnantajan ja henkilöstön yhteistoimintaa koskeva laki (Laki yhteistoiminnasta yrityksissä 725/1978). Yhteistoiminnan asiapiiri oli varsin laaja. Yhteistoiminta sisälsi sekä välittömän että edustuksellisen yhteistoiminnan. Laki ei koskenut valtion virastoja ja laitoksia.

1980 –luvulla säädettiin laki yhteistoiminnasta valtion virastoissa ja laitoksissa (1.7.1988/651). Lain mukaan yhteistoiminnan osapuolia ovat virasto ja sen henkilöstö. Myös valtiolla yhteistoiminta käsittää välittömän ja edustuksellisen yhteistoiminnan.

1990 –luvulla kunta-alalla työnantajan ja henkilöstön yhteistoiminta muuttui suositussopimuspohjaisesta työpaikkademokratiasta virka- ja työehtosopimuksen luonteiseksi yhteistoiminnaksi vuonna 1993 solmitulla yleissopimuksella. Sopimusosapuolia olivat työnantajaa edustava kunnallinen työmarkkinalaitos ja työntekijöitä edustavat ammatilliset pääsopijajärjestöt; Akava-JS ry, Kunta-alan unioni ry, Tekniikan ja peruspalvelujen neuvottelujärjestö KTN ry ja Toimihenkilöiden neuvottelujärjestö TNJ ry. (Suonsivu 2023.)

Yleissopimuksen mukaan kunnan tai kuntayhtymän oli neuvoteltava yhteistoimintamenettelyn piiriin kuuluvista asioista ennen päätöksentekoa esitetyn toimenpiteen perusteista, vaikutuksista ja vaihtoehdoista ainakin niiden viranhaltijoiden ja työntekijöiden kanssa, joita asia koskee. Työnantaja oli velvollinen antamaan henkilöstölle tai henkilöstön edustajille asian käsittelyn kannalta tarpeelliset tiedot ennen yhteistoimintamenettelyä. Yhteistoiminnassa käsiteltävien asioiden piiri oli varsin laaja käsittäen seuraavat asiat:

Henkilöstön asemaan oleellisesti vaikuttavat palvelutoiminnan muutokset, tutkimus- ja kehittämishankkeet, kone- ja laitehankinnat sekä olennaiset muutokset työtehtävissä, töiden ja työtilojen järjestelyissä

Lomautusilmoitusten antamista, virka- ja työsopimussuhteiden irtisanomista tai osa-aikaistamista edeltävä asian käsittely silloin, kun toimenpiteet johtuvat hallinnollisista, taloudellisista ja tuotannollisista syistä

Henkilöstöhallinnon periaatteet, henkilöstöä kuvaavat tunnusluvut, henkilöstöasioiden hoidossa noudatettavat menettelytavat ja henkilöstöstrategia-asiakirjat

Viraston, laitoksen tai muun toimintayksikön taloudellista tilaa, toiminta- ja taloussuunnitelmaa sekä talousarviota ja sen toimeenpanoa koskevat esitykset

Kunnan talousarvioehdotus, mikäli sen valmistelun yhteydessä käy ilmi, että talousarvioehdotuksen hyväksyminen todennäköisesti aiheuttaa olennaisia henkilöstön irtisanomisia, osa-aikaistamista, lomautuksia tai muita palvelussuhteen ehtojen muutoksia

Henkilöstön kehittämisen periaatteet ja koko kuntaa koskevat henkilöstö- ja koulutussuunnitelmat sekä koulutussopimuksen mukaista koulutusta koskevat taloussuunnitelma

Sisäisen tiedotuksen periaatteet

Ulkopuolisen työvoiman käytön ja julkisten palveluhankintojen kilpailuttamisen periaatteet, muutoin ulkopuolisen työvoiman käyttöä käsitellään 7 §:n mukaisesti

Työkykyä ylläpitävän toiminnan periaatteet

Aloitetoiminnan periaatteet

Henkilöstöpalvelujen järjestäminen,

Sukupuolten tasa-arvon edistämisestä laaditut suunnitelmat

Työsuojeluyhteistoiminta (työsuojelun valvonnasta ja muutoksenhausta työsuojeluasioissa annetun lain 8, 10 ja 11 §:n kunnallisen alan työsuojelusopimuksen rajoituksin), jos paikallisesti niin sovitaan

Palvelukseen tulon yhteydessä ja palvelussuhteen aikana kerättävät ja palvelukseen tulevalle annettavat tiedot sekä tehtäviin perehdyttämisen järjestelyt

Henkilöstöön kohdistuvan kamera-valvonnan, kulunvalvonnan ja muun teknisin menetelmin toteutetun valvonnan tarkoitus, käyttöönotto ja siinä käytettävät menetelmät sekä sähköpostin ja tietoverkon käyttö

Ennen työterveyshuoltolain 11 §:n 4 momentissa tarkoitetun päihdeohjelman hyväksymistä yksityisyyden suojasta työelämässä annetun lain 7 §:ssä ja 8 §:n 1 momentissa tarkoitetut tehtävät, joista työnhakija tai työntekijä on velvollinen antamaan tai voi suostumuksensa perusteella antaa huumausainetestiä koskevan todistuksen työnantajalle

Muut periaatteelliset tai muutoin yleisluontoiset palvelussuhteeseen ottamista ja palvelussuhteeseen kuuluvia oikeuksia ja velvollisuuksia koskevat asiat, joista ei voida neuvotella ja sopia kunnallisen virkaehtosopimuslain nojalla.

Muutos suositussopimuspohjaisesta työpaikkademokratiasta virka- ja työehtosopimusluonteiseen yhteistoimintaan oli periaatteessa suuri, koska nyt yhteistoiminnasta sovittiin työmarkkinaosapuolten välisellä sitovalla sopimuksella. Yhteistoiminnasta voitiin sopia myös paikallisilla yhteistoimintasopimuksilla. Tällöin osapuolet pääsivät sopimaan tarkemmin yhteistoiminnan organisoinnista kunnassa tai kuntayhtymässä. Tärkeätä oli saada työnantajan ja henkilöstön yhteistoiminta mahdollisimman toimivaksi työorganisaation eri tasoilla. Paikallinen yhteistoimintasopimus piti sisällään esimerkiksi seuraavia kohtia:

Edustuksellisten yhteistoimintaelinten kokoonpano eri organisaatiotasoilla

Edustuksellisten yt-elinten toimikausi

Edustuksellisten yt-elinten tehtävät

Yhteistoimintaelinten kokouskäytännöt

Työsuojelun yhteistoiminnan järjestäminen

Työsuojelun edustus yt-elimissä

Välittömän yhteistoiminnan muodot eri
organisaationtasoilla

Työpaikkakokouskäytännöt

2000 –luvulla säädettiin uusi yhteistoimintaa yrityksissä
koskeva laki (Laki yhteistoiminnasta yrityksissä
334/2007). Näin siksi, että edellisen (vuonna 1978 sää-
detyn) lain jälkeen oli tapahtunut olennaisia muutoksia
talouden yleisissä kehittämisehdoissa. Nämä johtuivat
kansainvälistymisestä, elinkeinorakenteesta, henkilöstö-
rakenteesta, yritystoiminnan erikoistumisesta ja verkos-
toitumisesta (HE 254/2006.)

Kunta-alalla työnantajan ja henkilöstön välinen yhteistoi-
minta olin järjestetty vuodesta 1993 lähtien vuoteen
2007 asti virka- ja työehtosopimuksen luonteisella yleis-
sopimuksella. Vuonna 2007 säädettiin laki työnantajan ja
henkilöstön välisestä yhteistoiminnasta kunnissa
(449/2007). Laki tuli voimaan 1.7.2007. Uudessa laissa
yhteistoiminnan asiapiiri oli suppeampi kuin aiemmassa
yleissopimuksessa. Yhteistoiminnassa tuli käsitellä:

Henkilöstön asemaan merkittävästi vaikuttavia muutoksia työn organisoinnissa, kunnan palvelurakenteessa, kuntajaossa tai kuntien välisessä yhteistyössä

Palvelujen uudelleen järjestämisen periaatteita, jos asialla voi olla olennaisia henkilöstövaikutuksia, kuten ulkopuolisen työvoiman käyttö tai liikkeen luovutusta

Henkilöstöön, henkilöstön kehittämiseen ja tasa-arvoiseen kohteluun sekä työyhteisön sisäiseen tietojen vaihtoon liittyviä periaatteita ja suunnitelmia

Taloudellisista tai tuotannollisista syistä toimeenpantavaa osa-aikaistamista, lomauttamista tai irtisanomista.

Kunnissa ja kuntayhtymissä oli yleissopimuksen voimassa ollessa luotu hyviä käytäntöjä ja totuttu laajaan asiapiiriin. Nämä haluttiin säilyttää jatkossakin.

2020 -luvulla säädettiin uusi yhteistoimintalaki (1333/2021). Sillä korvattiin aiempi yhteistoiminnasta yrityksissä annettu laki (334/2007) ja henkilöstön edustuksesta yritysten hallinnossa annettu laki (725/1990).

Hyvinvointialueiden liittäminen yhteistoimintalain piiriin vaati kunta-alaa koskevan vuodelta 2007 olevan yhteistoimintalain tarkistamista. Laki työnantajan ja henkilöstön välisestä yhteistoiminnasta kunnassa ja hyvinvointialueella (631/2021) tuli voimaan 1.7.2021. Lain keskeinen sisältö on selvitetty tämän kirjan kohdassa "Yhteistoimintaa ja työsuojelua hyvinvointialueella säätelevät lait ja sopimukset".

Työsuojelun yhteistoiminnan kehitys

Työsuojelu oli säädösmielessä edellä kävijä työnantajan ja henkilöstön yhteistoiminnassa, sillä yhteistoimintaa koskevat määräykset otettiin vuonna 1973 säädettyyn työsuojelun valvontalakiin (Laki työsuojelun valvonnasta ja muutoksenhausta työsuojeluasioissa (131/1973). Vastaavasti suositussopimus kunnallisesta työpaikkademokratiasta solmittiin vuonna 1977 ja laki yhteistoiminnasta yrityksissä vuonna 1978.

Työsuojelun valvontalaissa oli määräykset työsuojelun yhteistoiminnan järjestämisestä. Tämä tarkoitti työsuojelupäällikön nimeämistä ja työsuojeluvaltuutettujen ja varavaltuutettujen valitsemista sekä työsuojelun yhteistoimintaelimen, työsuojelutoimikunnan, asettamista. Työsuojelutoimikunnan keskeisenä tehtävänä oli työn turvallisuuden ja terveellisyyden edistäminen työpaikoilla. Työsuojeluvaltuutetuilla oli vahva tiedon saanti oikeus.

Työsuojelun valvontalaki uudistettiin vuonna 2006. Laki työsuojelun valvonnasta ja työpaikan yhteistoiminnasta (44/2006) tuli voimaan 1.2.2006. Vuonna 2008 solmittiin työsuojelun yhteistoimintaa koskeva kunnallisen alan työsuojelun yhteistoimintasopimus, jossa yhteistoiminnan tarkoitus määriteltiin seuraavasti:

> Työsuojelu on osa henkilöstövoimavarojen strategista johtamista. Sen tarkoituksena on kehittää työn ja työympäristön terveellisyyttä ja turvallisuutta, kestävää tuloksellisuutta tuottavaa työelämää ja henkilöstön kokemaa työhyvinvointia suunnitelmallisten henkilöstöstrategisten

terveyspainotteisten johtamis- ja toiminta-
tapojen avulla

Työsuojelun yhteistoiminta on työnantajan
ja henkilöstön vuorovaikutteista yhteis-
toimintaa, jonka tarkoituksena on
mahdollistaa työntekijöiden osallistuminen
ja vaikuttaminen työpaikan terveellisyyttä
ja turvallisuutta koskevien asioiden
käsittelyyn.

Työsuojelun yhteistoiminnassa käsiteltävät asiat määri-
teltiin sekä työsuojelun valvontalaissa että kunnallisen
alan työsuojelun yhteistoimintasopimuksessa:

Työntekijän turvallisuuteen ja terveyteen
välittömästi vaikuttavat asiat ja niitä
koskevat muutokset

Periaatteet ja tapa, joiden mukaan työpai-
kan vaarat ja haitat selvitetään sekä edellä
tarkoitetussa selvityksessä ja työterveys-
huollon tekemässä työpaikkaselvityksessä
esille tulleet työntekijöiden turvallisuu-
teen ja terveyteen yleisesti vaikuttavat sei-
kat

Työkykyä ylläpitävään toimintaan liittyvät ja muut työntekijöiden turvallisuuteen ja terveyteen vaikuttavat kehittämis- tavoitteet ja kehittämisohjelmat

Työntekijöiden turvallisuuteen, terveyteen ja työkykyyn vaikuttavat työn järjestelyyn ja mitoitukseen sekä niiden olennaisiin muutoksiin liittyvät asiat

Työsuojeluviranomaisen valvontaan kuuluvassa laissa tarkoitetun työn- tekijöille annettavan opetuksen, ohjauksen ja perehdyttämisen tarve ja järjestelyt

Työhön, työympäristöön ja työyhteisön tilaan liittyvät, työn turvallisuutta ja terveellisyyttä kuvaavat tilasto- ja muut seurantatiedot.

Edellä 1–6 kohdassa tarkoitettujen asioiden toteutumisen ja vaikutusten seuranta.

Muita työsuojelun yhteistoiminnassa käsiteltäviä asioita voivat olla esimerkiksi ensiavun järjestäminen, työhyvin- voinnin edistäminen, henkilöstön ikääntymisen vaikutuk- set, päihdeongelmien ennaltaehkäisy, hoitoonohjauksen mallit, varhaisen puuttumisen ja kuntoutukseen ohjaamisen toimintatavat sekä työsuojelua koskeva tiedotus. (Suonsivu 2023.)

Työn terveellisyydestä ja turvallisuudesta vastaavana työsuojeluorganisaationa toimii työpaikan linjaorganisaatio, vastuullisina toimijoina johtajat ja esimiehet (nyk. esihenkilöt). Työpaikan työsuojelun yhteistoimintaorganisaation toimijoita ovat työnantajan puolelta työsuojelupäällikkö sekä työntekijöiden puolelta vaaleilla valitut työsuojeluvaltuutetut, varavaltuutetut ja työsuojeluasiamiehet (nyk. työsuojeluyhdyshenkilö). Edustuksellisena työsuojelun yhteistoimintaelimenä toimii työsuojelutoimikunta.

Vuonna 2022 työmarkkinaosapuolet solmivat kunta- ja hyvinvointialan työsuojeluyhteistoimintaa koskevan virka- ja työehtosopimuksen. Sopimus on esitelty kohdassa "Yhteistoimintaa ja työsuojelua hyvinvointialueella säätelevät lait ja sopimukset".

Hyvinvointialue työorganisaationa

Hyvinvointialueet aloittivat Suomessa toimintansa 1.1.2023. Hyvinvointialue on kunnista ja valtiosta erillinen julkisoikeudellinen yhteisö ja sillä on alueellaan itsehallinto. Hyvinvointialue vastaa sekä terveydenhuollosta että sosiaalihuollosta ja pelastustoimesta. Kun toimintoja yhdistettiin, syntyi suuria moniportaisia työorganisaatioita.

Hyvinvointialueella päätösvaltaa käyttävä ylin elin on aluevaltuusto. Sen kokoonpanosta päätetään aluevaaleissa. Valtuuston toimikausi on neljä vuotta. Aluevaltuusto valitsee hyvinvointialueelle hallituksen ja hyvinvointialueen johtajan. Aluevaltuuston ja aluehallituksen tehtävät on määritelty laissa (Laki hyvinvointialueista 29.6.2021/611) seuraavasti.

Aluevaltuusto

Hyvinvointialueella on aluevaltuusto, joka vastaa hyvin-
vointialueen toiminnasta ja taloudesta sekä käyttää hy-
vinvointialueen päätösvaltaa. Aluevaltuusto päättää:

Hyvinvointialuestrategiasta

Hyvinvointialueen hallintosäännöstä

Hyvinvointialueen talousarviosta ja
taloussuunnitelmasta

Omistajaohjauksen periaatteista ja
konserniohjeesta

Liikelaitokselle asetettavista toiminnan ja
talouden tavoitteista

Varallisuuden hoidon sekä rahoitus- ja
sijoitustoiminnan perusteista

Sisäisen valvonnan ja riskienhallinnan
perusteista

Palveluista ja muista suoritteista
perittävien maksujen yleisistä
perusteista sekä hyvinvointi-
alueen järjestämisvastuulle
kuuluvista palveluista perittävistä
asiakasmaksuista

Takaussitoumuksen tai muun vakuuden
antamisesta toisen velasta

Jäsenten valitsemisesta toimielimiin, jollei
jäljempänä toisin säädetä

Luottamushenkilöiden taloudellisten
etuuksien perusteista

Hyvinvointialueen tilintarkastajien
valitsemisesta

Tilivelvollisten nimeämisestä

Hyvinvointialueen tilinpäätöksen
hyväksymisestä ja vastuuvapaudesta

Muista aluevaltuuston päätettäviksi
säädetyistä ja määrätyistä asioista

Aluehallitus

Aluehallituksen tulee:

Vastata hyvinvointialueen hallinnosta ja
taloudenhoidosta

Vastata aluevaltuuston päätösten
valmistelusta, täytäntöönpanosta ja
laillisuuden valvonnasta

Valvoa hyvinvointialueen etua ja, jollei
hallintosäännössä toisin määrätä, edustaa
hyvinvointialuetta ja käyttää sen
puhevaltaa

Edustaa hyvinvointialuetta työnantajana
ja vastata hyvinvointialueen
henkilöstöpolitiikasta

Vastata hyvinvointialueen toiminnan
yhteensovittamisesta

Vastata hyvinvointialuekonsernin
omistajaohjauksesta sekä
hyvinvointialueen järjestämisvastuulle

kuuluvien palvelujen muiden tuottajien
ohjauksesta ja valvonnasta

Huolehtia hyvinvointialueen sisäisestä
valvonnasta ja riskienhallinnan
järjestämisestä

Huolehtia hyvinvointialueen sisäisen
tarkastuksen järjestämisestä.

Käytän tässä kirjassa esimerkkinä hyvinvointialueen toi-
minnan organisoinnista Suomen suurimman hyvinvointi-
alueen, Pirkanmaan hyvinvointialueen, organisaatiota,
jossa valtuuston valiokuntia on neljä: tulevaisuus- ja stra-
tegiavaliokunta, monipalveluvaliokunta, hyvinvointi- ja
kokonaisuusturvallisuusvaliokunta sekä vähän palveluja
käyttävien valiokunta. Lautakuntia ovat tarkastuslauta-
kunta, jonka alla ulkoinen tarkastus, ja aluevaalilauta-
kunta.

Aluehallituksen jaostoja ovat henkilöstöjaosto, asiakkuus- ja laatujaosto, konserni- ja toimitilajaosto sekä yksilöasioiden jaosto.

Hyvinvointialueen toiminnat on jaettu neljään palvelulinjaan. Näistä ensimmäinen on sote-palvelut, joihin sisältyvät sairaalapalvelut, avopalvelut, lasten- ja nuorten palvelut, ikäihmisten ja vammaisten palvelut sekä integraatiotoiminta. Tämän palvelulinjan johtajana toimii sosiaali- ja terveysjohtaja.

Toisen palvelulinjan muodostaa pelastuspalvelut, joihin kuuluvat pelastustoiminta, ensihoito, onnettomuuksien ehkäisy ja siviilivalmius sekä resurssien- ja jatkuvuuden hallinta. Tätä palvelulinjaa johtaa pelastusjohtaja.

Kolmas palvelulinja koostuu tukipalveluista, joita ovat hallintopalvelut, kiinteistön hallinta- ja toimitilapalvelut, palvelutuotannon tulipalvelut sekä tietohallinto ja teknologia. Tämän palvelulinjan johtajana toimii tukipalvelujohtaja.

Neljäs palvelulinja muodostuu strategisesta ohjauksesta ja järjestämisestä. Sen sisältönä ovat strategia, hankinta, talouspalvelut, henkilöstö, viestintä, yhteiskuntasuhteet, tietojohtaminen, tutkimus, kehittäminen, innovaatiot, osaaminen ja hallinto.

Lähde: Pirkanmaan hyvinvointialueen nettisivut

Kun hyvinvointialueen toiminnat on organisoitu, huomio kiintyy toiminnan sisältöön. Miten päästään asetettuihin tavoitteisiin niin palvelujen saatavuuteen kuin myös taloudellisiin tavoitteisiin? Miten toimii poliittinen ohjaus ja yhteistyö aluevaltuuston ja hyvinvointialueen toimijoiden kesken? Miten paljon keskitetään, miten paljon hajautetaan päätösvaltaa? Kysymyksiä ja tehtäviä on paljon.

Tarukannel, Lehikoinen ja Harisalo (2022) ovat pohtineet poliittisen päätöksenteon haasteita ja poliittisen vaikutusvallan turvaamista hyvinvointialueilla. Aluevaltuutettujen tulee nähdä hyvinvointialue kokonaisuudessaan, siis "nähdä asiat laajemmin kuin vain oman kuntansa ja taustaryhmänsä näkökulmasta. On kyettävä toimimaan strategisesti ja korvattava pieniin asioihin keskittyvä johtaminen merkitysten johtamisella". Poliittisilta päättäjiltä odotetaan sekä osaamista ja yhteistyökykyä että halua ja kykyä oppia (Leponiemi 2019). Sirenin mukaan poliittisten ja hallinnollisten johtajien tulee kyetä yhdistämään näkemyksensä ja osaamisensa päätösten valmistelemiseksi (Siren 2021).

Tarukannel, Lehikoinen ja Harisalo (2022) ovat tehneet aluevaltuutetuille suosituksia siitä, millaisia asioita he voivat edistää:

> Tee kaikkesi, että kansalaiset voivat aktiivisesti seurata hyvinvointialueen päätöksenteon etenemistä ja käydä siitä aktiivista poliittista keskustelua ja väittelyä - poliittisesti aktiivinen yhteisö suhtautuu myönteisemmin politiikkaan kuin sitä vieroksuva yhteisö

> Suosi koko yhteisön kattavaa aktiivista poliittista keskustelua, koska se nostaa esille vastauksia vaille jääneitä kysymyksiä ja tunnistamattomia tarpeita alueen tilasta

ja olosuhteista, mutta samalla myös uusia ideoita ja oivalluksia

Ajattele aluevaltuustossa tehtäviä valintoja strategisesti eli koko yhteisön näkökulmasta: se antaa vahvan perustan puolustaa tai vastustaa päätösehdotuksia ja erottaa tärkeät asiat vähemmän tärkeistä asioista

Varmista, että aluevaltuutetuilla on riittävästi aikaa käsitellä kauaskantoisia asioita

Tee kaikkesi, että alueen strategiasta tulisi sellainen, että se palvelee koko aluetta eikä pelkästään oman puolueesi etua

Muista, että politiikan ammattitaitoon kuuluu se, että voitte olla asioista jopa jyrkästi eri mieltä ja silti luottaa toisiinne: jos menetätte keskinäisen luottamuksenne ja arvostuksenne, menetätte samalla poliittisen vaikutusvaltanne ja päätöksenteon strateginen ohjaus menettää voimansa

Ole aktiivinen, aloitteellinen ja muutoksia pelkäämätön: tämä asenne motivoi ja rohkaisee myös ankarissa aika- ja resurssirajoitteisissa toimivia hallinnon ammattilaisia

Muista, että ei ole viisasta luoda
keinotekoisia jännitteitä politiikkojen ja
viranhaltijoiden välille

Opettele ratkomaan rakentavasti
päätöksenteossa syntyviä jännitteitä ja
konflikteja olemalla hän, joka rakentaa
siltoja osapuolten välille eikä hän, joka
niitä rikkoo

Muista, että omien virheiden
tunnistaminen kuuluu olennaisesti
politiikan ammattitaitoon.

Yhteistoimintaa ja työsuojelua hyvinvointialueella säätelevät lait ja sopimukset

Yhteistoiminta

Ennen hyvinvointialueiden perustamista kunnissa ja sairaanhoitopiireissä työnantajan ja henkilöstön välistä yhteistoimintaa sääteli Laki työnantajan ja henkilöstön välisestä yhteistoiminnasta kunnissa (449/2007). Hyvinvointialueiden perustamisen vuoksi lakia tarkistettiin ja lain nimeksi tuli Laki työnantajan ja henkilöstön välisestä yhteistoiminnasta kunnassa ja hyvinvointialueella. (Laki työnantajan ja henkilöstön välisestä yhteistoiminnasta kunnissa annetun lain muuttamisesta 631/2021). Laki hyväksyttiin 29.6.2021 ja se tuli voimaan 1.7.2021, mutta tietojen antamista koskevaa, lain 6 §:n 2 ja 3 momenttia, alettiin soveltaa hyvinvointialueeseen 1.1.2024 alkaen. Seuraavassa olennaisia kohtia edellä mainitusta laista.

1 § Lain tarkoitus

Lain tarkoitus ilmaistaan 1. pykälässä näin: "Tämän lain tarkoituksena on edistää työnantajan ja henkilöstön välistä yhteistoimintaa kunnassa ja hyvinvointialueella. Yhteistoiminnan tavoitteena on antaa henkilöstölle mahdollisuus yhteisymmärryksessä työnantajan kanssa osallistua kunnan ja hyvinvointialueella toiminnan kehittämiseen ja antaa henkilöstölle mahdollisuus vaikuttaa omaa työtään ja työyhteisöään koskevien päätösten valmisteluun sekä samalla edistää kunnan ja hyvinvointialueen palvelutuotannon tuloksellisuutta ja henkilöstön työelämän laatua."

Teksti siis korostaa yhteistoiminnan ydintä eli osapuolten yhteisymmärryksessä tapahtuvaa hyvinvointialueen kehittämistä ja henkilöstön vaikutusmahdollisuutta, mutta painottaa myös toiminnan tuloksellisuutta.

2 § Soveltamisala

"Tätä lakia sovelletaan työnantajan ja henkilöstön väliseen yhteistoimintaan kunnassa, kuntayhtymässä, hyvinvointialueella ja hyvinvointiyhtymässä. Mitä tässä laissa säädetään kunnasta, sovelletaan myös kuntayhtymään, ja mitä tässä laissa säädetään hyvinvointialueesta, sovelletaan myös hyvinvointiyhtymään. Tässä laissa työntekijällä tarkoitetaan kuntaan tai hyvinvointialueeseen virka- tai työsuhteessa olevaa."

3 § Yhteistoiminnan osapuolet

"Tässä laissa tarkoitetun yhteistoiminnan osapuolia ovat kunta tai hyvinvointialue työnantajana ja sen palveluksessa oleva henkilöstö. Yhteistoiminnassa ovat osallisina työntekijä, jota yhteistoimintamenettelyssä käsiteltävä asia koskee, ja hänen esimiehensä taikka henkilöstöryhmän tai sen osan edustaja tai asianomaisten henkilöstöryhmien edustajat sekä työnantajan edustaja. Liikkeen luovutuksen yhteydessä yhteistoiminnan osapuolena voi olla myös luovutuksensaaja."

4 § Yhteistoiminnassa käsiteltävät asiat

Työnantajan ja henkilöstön välisessä yhteistoiminnassa käsitellään ainakin sellaiset asiat, jotka koskevat:

> Henkilöstön asemaan merkittävästi vaikuttavia muutoksia työn organisoinnissa, kunnan tai hyvinvointialueen palvelurakenteessa, kuntajaossa tai kuntien tai hyvinvointialueiden tai näiden välisessä yhteistyössä

Palvelujen uudelleen järjestämisen
periaatteita, jos asialla voi olla
ulkopuolisen työvoiman käytöstä tai
liikkeen luovutuksesta johtuvia tai muita
olennaisia henkilöstövaikutuksia

Henkilöstöön, henkilöstön kehittämiseen
ja tasa-arvoiseen kohteluun sekä työyhtei-
sön sisäiseen tietojen vaihtoon liittyviä pe-
riaatteita ja suunnitelmia

Taloudellisista tai tuotannollisista syistä
toimeenpantavaa osa-aikaistamista,
lomauttamista tai irtisanomista.

Jos kunnan tai hyvinvointialueen talousarvioehdotuk-
sessa edellytetään sellaisia toimenpiteitä, joiden toteut-
taminen todennäköisesti aiheuttaisi useita irtisanomisia,
osa-aikaistamisia, lomautuksia taikka merkittäviä heiken-
nyksiä palvelussuhteiden ehdoissa, toimenpiteitä on kä-
siteltävä yhteistoimintamenettelyssä ennen kuin kun-
nanhallitus tai aluehallitus tekee kunnan- tai aluevaltuus-
tolle lopullisen talousarvioehdotuksen."

Tämä pykälä sisältää luettelon asioista, jotka ainakin on käsiteltävä yhteistoiminnassa. Lakiin kirjattua asiapiiri on suppea verrattuna vuoden 2007 kunta-alan yhteistoimintalakiin. Käytännössä asiapiiri on vuosien mittaan ollut laajempi ja voi sitä olla nytkin. Tarkoitus on, että hyviä käytäntöjä myös asiapiirin suhteen voidaan jatkaa.

4a § Henkilöstö- ja koulutussuunnitelma

Kunnassa ja hyvinvointialueella on laadittava yhteistoimintamenettelyssä vuosittain henkilöstö- ja koulutussuunnitelma. Henkilöstö- ja koulutussuunnitelmasta tulee käydä ilmi kunnan tai hyvinvointialueen koko huomioon ottaen ainakin:

> Toteutuneiden määräaikaisten työ- ja virkasuhteiden määrä sekä arvio näiden kehittymisestä

> Periaatteet erilaisten työsuhdemuotojen käytöstä

> Yleiset periaatteet, joilla pyritään ylläpitämään työkyvyttömyysuhan alaisten ja ikääntyneiden työntekijöiden työkykyä

sekä työttömyysuhan alaisten
työntekijöiden työmarkkinakelpoisuutta

Arvio koko henkilöstön ammatillisesta
osaamisesta sekä ammatillisen osaamisen
vaatimuksissa tapahtuvista muutoksista ja
näiden syistä sekä tähän arvioon
perustuva vuosittainen suunnitelma
henkilöstöryhmittäin tai muutoin
tarkoituksenmukaisella tavalla
ryhmiteltyinä

1–4 kohdassa tarkoitettujen arvioiden,
periaatteiden ja suunnitelmien
toteuttaminen ja niitä koskevat
seurantamenettelyt.

Henkilöstö- ja koulutussuunnitelmaan tulee lisäksi sisäl-
lyttää periaatteet, joiden mukaan työnantaja hankkii
henkilöstölleen työsopimuslain 7 luvun 13 §:n ja kunnan
ja hyvinvointialueen viranhaltijasta annetun lain 37 b §:n
mukaista työllistymistä edistävää valmennusta ja koulu-
tusta. Henkilöstö- ja koulutussuunnitelmassa tulee kiin-
nittää huomiota:

Osatyökykyisten työllistämisen periaattei-
siin sekä joustaviin työaikajärjestelyihin.

6 § Tietojen antaminen

"Kunnan ja hyvinvointialueen tulee kerran vuodessa antaa henkilöstölle tiedot kunnan tai hyvinvointialueen työllisyystilanteesta, toiminnan ja talouden tilasta sekä niiden todennäköisestä kehityksestä. Kunnan ja hyvinvointialueen on annettava neljännesvuosittain henkilöstön edustajille heidän pyynnöstään kunnan tai hyvinvointialueen työvoimatilannetta kuvaava selvitys kunnan tai hyvinvointialueen määräaikaisissa ja osa-aikaisissa työsuhteissa olevien työntekijöiden määrästä.

Kunnan ja hyvinvointialueen on vuosittain esitettävä henkilöstöryhmien edustajille heidän pyynnöstään selvitys kunnassa tai hyvinvointialueella sovellettavista periaatteista tilaajan selvitysvelvollisuudesta ja vastuusta ulkopuolista työvoimaa käytettäessä annetun lain (1233/2006) 2 §:n 1 momentin 2 kohdassa tarkoitettuun alihankintasopimukseen perustuvan työvoiman käyttämisesta. Selvityksestä tulee käydä ilmi työkohteet, työtehtävät sekä ajanjaksot, joina mainittua työvoimaa käytetään."

10 § Vuokratyövoiman käyttö

"Henkilöstön edustaja ei kuitenkaan voi vaatia 3 momentissa tarkoitettua yhteistoimintamenettelyä, jos tarkoituksena on teettää vuokrattavilla työntekijöillä työtä, jota kunnan tai hyvinvointialueen henkilöstö ei vakiintuneen käytännön mukaan suorita, tai jos kysymyksessä on sellainen lyhytaikainen ja kiireellinen työ taikka asennus-, korjaus- tai huoltotyö, jonka teettäminen ei ole mahdollista kunnan tai hyvinvointialueen omalla henkilöstöllä."

14 § Yhteistoimintaelin

"Kunnassa ja hyvinvointialueella on yhteistoimintaelin, joka koostuu työnantajan ja henkilöstön edustajista. Työnantaja ja henkilöstöä edustavat 19 §:ssä tarkoitetut yhdistykset tai niiden rekisteröidyt paikalliset alayhdistykset nimeävät edustajansa yhteistoimintaelimeen, jonka toimikausi on neljä vuotta. Yhteistoimintaelimen toimintaan osallistuu myös 3 §:n 3 momentissa tarkoitettu yhteistoimintaedustaja.

Kunnat, hyvinvointialueet ja 1 momentissa tarkoitetut yhdistykset voivat tarvittaessa sopia useamman kunnan tai hyvinvointialueen yhteisestä yhteistoimintaelimestä."

18 § Yhteistoimintaneuvottelujen suhde työ- ja virkaehtosopimusten neuvottelumääräyksiin

"Jos tässä laissa tarkoitetuissa yhteistoiminta-neuvotteluissa käsiteltävä asia tulisi käsitellä myös työnantajaa työehtosopimuslain (436/1946) nojalla sitovan työehtosopimuksen tai kunnan ja hyvinvointialueen virkaehtosopimuksista annetun lain (669/1970) nojalla sitovan virkaehtosopimuksen mukaisesti, yhteistoimintaneuvotteluja ei aloiteta tai ne on keskeytettävä, jos työnantaja tai sopimukseen sidottuja työntekijöitä tai viranhaltijoita edustava luottamusmies vaatii asian käsittelyä työ- tai virkaehtosopimuksen mukaisessa neuvotteluärjestyksessä." (Suonsivu 2023.)

Työsuojelu

Työsuojelua ja työsuojelun yhteistoimintaa säätelee Laki työsuojelun valvonnasta ja työpaikan työsuojeluyhteistoiminnasta (44/2006). Lisäksi työmarkkinaosapuolet, Kunta- ja hyvinvointialuetyönantajat KT, Julkisen alan unioni JAU ry, Julkisalan koulutettujen neuvottelujärjestö Juko ry ja Sosiaali- ja terveysalan neuvottelujärjestö Sote ry, solmivat 27.10.2022 kunta- ja hyvinvointialan työsuojelun yhteistoimintaa koskevan työ- ja virkaehtosopimuksen. Sopimus on työsuojelun valvontalaissa tarkoitettu työsuojelun yhteistoimintasopimus ja se koskee kaikkia kuntia, kuntayhtymiä, hyvinvointialueita, hyvinvointiyhtymiä sekä valvontalaissa tarkoitetulla tavalla työpaikaksi määriteltävää muuta kokonaisuutta sekä niiden palveluksessa olevia viranhaltijoita ja työntekijöitä. Seuraavassa keskeisiä osia mainitusta sopimuksesta.

2 § Työsuojelun yhteistoiminnan tarkoitus

Työsuojelu on osa henkilöstövoimavarojen strategista johtamista. Se on ennakoivaa ja tulevaan suuntaavaa.

Sen tarkoituksena on kehittää työn ja työympäristön terveellisyyttä ja turvallisuutta, edistää kestävää kehitystä ja tuloksellisuutta tuottavaa työelämää ja henkilöstön kokemaa työhyvinvointia suunnitelmallisten henkilöstöstrategisten, turvallisuus- ja terveyspainotteisten johtamis- ja toimintatapojen avulla. Työsuojelun yhteistoiminta on työnantajan ja henkilöstön vuorovaikutteista yhteistoimintaa, jonka tarkoituksena on mahdollistaa työntekijöiden osallistuminen ja vaikuttaminen työpaikan terveellisyyttä ja turvallisuutta koskevien asioiden käsittelyyn.

3 § Yhteistoiminnassa käsiteltävät asiat

Työnantajan ja työntekijöiden kesken välittömässä tai edustuksellisessa yhteistoiminnassa käsiteltävistä asioista säädetään valvontalain 26 §:ssä.

Yhteistoiminnassa käsiteltäviä asioita ovat:

Työntekijän turvallisuuteen ja terveyteen välittömästi vaikuttavat asiat ja niitä koskevat muutokset

Periaatteet ja tapa, joiden mukaan työpaikan vaarat ja haitat selvitetään sekä edellä tarkoitetussa selvityksessä ja työterveyshuollon tekemässä työpaikkaselvityksessä esille tulleet työntekijöiden turvallisuuteen ja terveyteen yleisesti vaikuttavat seikat

Työkykyä ylläpitävään toimintaan liittyvät, työssä jatkamista tukevat ja muut työntekijöiden turvallisuuteen ja terveyteen vaikuttavat kehittämistavoitteet ja ohjelmat

Työntekijöiden turvallisuuteen, terveyteen ja työkykyyn vaikuttavat työn järjestelyyn ja mitoitukseen sekä niiden olennaisiin muutoksiin liittyvät asiat

Työsuojeluviranomaisen valvontaan kuuluvassa laissa tarkoitetun työtekijöille annettavan opetuksen, ohjauksen ja perehdyttämisen tarve ja järjestelyt

Työhön, työympäristöön ja työyhteisön tilaan liittyvät, työn turvallisuutta ja terveellisyyttä kuvaavat tilasto- ja muut seurantatiedot

Edellä 1–6 kohdassa tarkoitettujen asioiden toteutumisen ja vaikutusten seuranta.

Edellisten lisäksi työn vaarojen arvioinnin perusteella tai muutoin paikallisesti tarpeelliseksi havaittuja yhteistoiminnassa käsiteltäviä asioita voivat olla esimerkiksi:

Työhyvinvoinnin edistäminen

Henkilöstön ikääntymisen vaikutukset

Työsuojelua koskevan tiedotuksen ja ensiavun järjestäminen

Päihdeongelmien ennaltaehkäisyä ja päihteiden väärinkäyttöä koskevat menettelytavat ja hoitoonohjauksen mallit

Varhaisen tuen ja puuttumisen ja kuntoutukseen ohjaamisen menettelyt

4 § Työsuojelun yhteistoiminta-asioiden käsittely

Työsuojelun yhteistoiminta-asioita käsitellään välittömänä yhteistoimintana työnantajan tai tämän edustajana toimivan esihenkilön ja työntekijän kesken.

Laajakantoiset ja työpaikkaa yleisesti koskevat työsuojelun yhteistoiminta-asiat käsitellään edustuksellisena yhteistoimintana työsuojelutoimikunnassa tai muussa vastaavassa yhteistoimintaelimessä.

5 § Työsuojelun yhteistoimintaorganisaatio

Työsuojelun yhteistoimintaorganisaation muodostavat työnantajaa edustava työsuojelupäällikkö sekä henkilöstöä edustavat työsuojeluvaltuutetut ja varavaltuutetut sekä työsuojelutoimikunta tai muu vastaava edustuksellinen yhteistoimintaelin. Työsuojeluvaltuutetut ovat aina työsuojelutoimikunnan jäseniä.

Toimihenkilöasemassa olevilla on oikeus valita heitä edustava työsuojeluvaltuutettu ja varavaltuutetut. Toimihenkilöasemassa olevilla tarkoitetaan sopimuksen mukaan henkilöstöä, joiden pääasiallisena tehtävänä on johtaa ja valvoa alaisten työtä, ja jotka eivät ota tai vain tilapäisesti ottavat osaa alaistensa työhön. Muu henkilöstö on työntekijäasemassa.

Suurissa työnantajayksiköissä voi olla kaksi tai kolmetasoisia yhteistoimintaelimiä tai kokonaisuuksia hallintokunta-, palvelualue- tai toimialakohtaisesti, taikka virastoa, laitosta tai muuta tarkoituksen mukaista, esimerkiksi seudullista tai alueellista, kokonaisuutta varten.

Paikallisen sopimuksen perusteella voidaan valita lisäksi työskentelypaikka- tai yksikkökohtaisia työsuojeluyhdyshenkilöitä, jotka aiemmin tunnettiin nimikkeellä työsuojeluasiamies. (Suonsivu 2023)

7 § Työsuojelupäällikkö

Työsuojelupäällikkö edustaa työsuojelun yhteistoiminnassa työnantajaa. Sopimuksessa todetaan, että "työsuojelupäällikön tulee olla työpaikan työn luonne sekä työpaikan laajuus huomioon ottaen riittävän pätevä ja hänellä on oltava riittävän hyvä perehtyneisyys työsuojelusäännöksiin ja työpaikan olosuhteisiin sekä muutoinkin asianmukaiset edellytykset valvontalain 26 §:ssä tarkoitettujen asioiden käsittelyyn ja yhteistoiminnan järjestämiseen".

Työsuojelupäällikön erityisenä tehtävänä on sopimuksen mukaan työnantajan ja esihenkilöiden avustaminen ja tukeminen niissä tehtävissä, jotka liittyvät työsuojelun asiantuntemuksen hankintaan ja yhteistyöhön työntekijöiden ja työsuojeluviranomaisten kanssa. Kokemuksesta voin todeta, että työsuojelupäällikön tehtävä, ainakin suurissa organisaatioissa, on todella vaativa. Ongelmia riittää sisäilma-asioista aina epäasiallisiin kohteluihin ja niiden selvittelyihin. (Suonsivu 2023.)

Työsuojelupäällikön tulee siis olla moniosaaja ja rakentava persoona. Vaikka työsuojelun yhteistoimintahenkilöillä, työsuojelupäälliköllä ja työsuojeluvaltuutetuilla, onkin yhtenevä tavoite, keinoista ja korjausten nopeudesta syntyy helposti erimielisyyttä. Tavoitteena siis terveellinen ja turvallinen työpaikka, mutta esimerkiksi vaikeiden sisäilmaongelmien ratkaisuun ei aina ole henkilöstön edustajien haluamia nopeita ratkaisuja, jos esimerkiksi pitää rakentaa uusia tiloja. (Suonsivu 2023.)

Kunta- ja hyvinvointialan työsuojelun yhteistoimintaa koskevassa työ- ja virkaehtosopimuksessa viitataan usein työsuojeluyhteistoiminnasta annettuun lakiin (44/2006), josta käytetään lyhyttä ilmaisua valvontalaki.

8 § Työsuojeluvaltuutetun tehtävät, asema ja oikeudet

Työsuojeluvaltuutettu edustaa työpaikan työsuojelun yhteistoiminnassa henkilöstöä, kun käsitellään valvontalaissa ja tässä sopimuksessa tarkoitettuja asioita yhteistoiminnassa työnantajan kanssa ja suhteessa työsuojeluviranomaisiin. Työsuojeluvaltuutetun tehtävät on määritelty edellä mainitussa valvontalaissa.

"Työsuojeluvaltuutetun tulee lisäksi oma-aloitteisesti perehtyä työpaikan työympäristöön ja työyhteisön tilaan liittyviin työntekijöiden turvallisuuteen ja terveyteen vai-

kuttaviin asioihin sekä työsuojelusäännöksiin. Työsuoje-
luvaltuutetun tulee osallistua työsuojelutarkastuksiin ja
asiantuntijan tutkimuksiin, jos osallistuminen katsotaan
valvovan viranomaisen tai asiantuntijan taholta tarpeel-
liseksi."

Käytännössä työsuojelutarkastuksissa ovat mukana sekä
työsuojelupäällikkö että työsuojeluvaltuutettu. Työsuo-
jeluvaltuutetun edellytetään myös osaltaan kiinnittää
edustamiensa työntekijöiden huomiota työn turvalli-
suutta ja terveellisyyttä edistäviin asioihin.

Työsuojeluvaltuutetulla on laaja tiedonsaantioikeus kos-
kien asiakirjoja ja luetteloita, joita työnantajan on pidet-
tävä työsuojelua koskevien säännösten mukaan. Työsuo-
jeluvaltuutetulla on oikeus tutustua työnantajan hallussa
oleviin asiakirjoihin, jotka koskevat työympäristön ja työ-
yhteisön työn turvallisuutta ja terveellisyyttä. Lisäksi työ-
suojeluvaltuutetulla on oikeus saada työnantajalta näh-
täväkseen työterveyshuollon järjestämistä koskeva sopi-
mus tai työnantajan laatima kuvaus itse järjestämästään

työterveyshuollosta sekä työterveyshuollon toiminta-suunnitelma.

Kokemuksesta totean, että paitsi koulutuksella hankittua hyvää osaamista työsuojeluvaltuutetun työssä on suuri merkitys henkilön persoonalla ja kyvyllä toimia rakentavasti. Työsuojelussa vastaan tulevat ongelmat ovat usein vaikeita ja niiden onnistuneisiin ratkaisuihin päästään parhaiten rakentavalla yhteistyöllä. Olen työssäni nähnyt erittäin hyviä työsuojeluvaltuutettuja, jotka todella toimivat rakentavasti. Olen nähnyt myös, valitettavasti, sellaisia henkilöitä, jotka tukeutuvat oman ammattijärjestönsä päämajan määräyksiin ja ohjeisiin päämääränä "työnantajan voittaminen". (Suonsivu 2023.)

9 § Työsuojelutoimikunta tai muu vastaava työsuojelun edustuksellinen yhteistoimintaelin.

Työsuojelutoimikuntaa koskevat säännökset löytyvät työsuojelun valvontalain 38 –41 §:stä. Sopimuksen mukaan työnantaja nimeää työsuojelutoimikuntaan sellaisen edustajansa, jonka tehtäviin toimikunnassa käsiteltävien asioiden valmistelu kuuluu. Mikäli työsuojelupäällikkö ei ole työsuojelutoimikunnan jäsen, hänellä on kuitenkin oikeus osallistua kokouksiin. Työsuojeluvaltuutetut ovat aina työsuojelutoimikunnan jäseniä.

Työsuojelutoimikunnan jäsenellä on oikeus tehdä esityksiä työsuojelutoimikunnassa käsiteltäviksi asioiksi ja yhteistoiminnan kehittämiseksi. Esitykset tulee myös käsitellä ja jäsenellä on oikeus saada esityksistään perusteltu palaute.

Työsuojelutoimikunta kokoontuu niin usein kuin sille valvontalaissa tai tässä sopimuksessa asetetut tehtävät edellyttävät. Paikallisesti sovitaan menettelytavoista, kuten kokousten vähimmäismäärästä, koolle kutsumisesta ja yhteistyöstä muiden toimijoiden kanssa.

10 § Työsuojeluyhdyshenkilön tehtävät (aiemmin työsuojeluasiamies)

Työsuojeluyhdyshenkilön tehtävät liittyvät lähinnä välittömään työsuojelun yhteistoimintaan lähityöyhteisössä tai esimerkiksi jonkin ammattikunnan piirissä. Työsuojeluyhdyshenkilön tehtävänä on välittää tietoja, kun selvitetään työn vaaroja ja haittoja ja tehdään niistä aiheutuvia toimenpiteitä. Hänen oikeutensa ja tehtävänsä määritellään tarkemmin paikallisessa sopimuksessa.

Työsuojeluyhdyshenkilön tehtävissä on tärkeätä yhteydenpito alueensa työsuojeluvaltuutettuun. Käytännössä työsuojelun yhdyshenkilön tehtävät on voitu yhdistää esimerkiksi luottamusmiesten toimintaan, jolloin siis käytetään hyväksi työorganisaatiossa olemassa olevaa järjestelmää ja jolloin asiat voidaan ohjata paremmin oikealla taholle ratkaistaviksi. (Suonsivu 2023.)

Yhteistoiminnan organisointi hyvinvointialueella

Miten työnantajan ja henkilöstön välinen yhteistoiminta suurella hyvinvointialueella organisoidaan siten, että henkilöstön vaikutusmahdollisuudet omaan työhönsä ja omaan työyhteisöönsä turvataan? Miten yhteistoiminta järjestetään niin, että sen avulla johto ja esihenkilöt saavat parhaan mahdollisen tiedon johtamisen ja päätöksenteon tueksi? Miten moniportaisessa työorganisaatiossa päästään yhteistoiminnan ytimeen, jossa työnantajan ja henkilöstön voimavarat yhdistetään yhteisten päämäärien saavuttamiseksi? Tärkeätä on se, että yhteistoiminnan organisointi ja ohjeistus tehdään yhteistyössä työnantajan ja työntekijöitä edustavien ammatillisten järjestöjen kesken hyvinvointialueella.

Näin on menetelty myös esimerkkinä käyttämälläni hyvinvointialueella, jossa osapuolet ovat laatineet yhteistoimintalakia täydentävän ohjeen.

Yhteistoimintamenettelyn tarkoitus ja osapuolet

Ohjeen mukaan yhteistoiminnan tavoitteena on "antaa henkilöstölle mahdollisuus yhteisymmärryksessä työnantajan kanssa osallistua hyvinvointialueella toiminnan kehittämiseen ja antaa henkilöstölle mahdollisuus vaikuttaa omaa työtään ja työyhteisöään koskevien päätösten valmisteluun sekä samalla edistää hyvinvointialueen palvelutuotannon tuloksellisuutta ja henkilöstön työelämän laatua. Työnantajan tulee neuvotella yhteistoimintamenettelyssä henkilöstön edustajien kanssa henkilöstön asemaan merkittävästi vaikuttavista muutoksista tai suunnitelmista."

Yhteistoiminnan osapuolia ovat hyvinvointialue työnantajana ja työntekijä tai luottamusmies, työsuojeluvaltuutettu tai muu henkilöstön nimeämä edustaja. Työnantajaa edustaa se esihenkilö tai muu työnantajan edustaja, jolle päätöksenteko asiassa kuuluu. Niissä asioissa, joissa päätöksen tekee luottamuselin, yhteistoimintamenettelyn järjestämisestä vastaa asiaa esittelevä viranhaltija tai muu asian valmistelusta vastaava työnantajan edustaja.

Yhteistoiminnan lähtökohtana on välitön asian käsittely suoraan yksittäisen työntekijän tai henkilöstöryhmän kanssa. Yleisesti henkilöstöä koskevat asiat käsitellään edustuksellisessa yhteistoimintamenettelyssä yhteistyöelimessä tai yhteistyöryhmässä. Lähtökohtaisesti asia käsitellään vain yhdellä yhteistoimintajärjestelmän tasolla. Hyvinvointialuetasolla lakisääteisiä edustuksellisia yhteistoimintaelimiä ovat: hyvinvointialueen yhteistoimintaelin ja hyvinvointialueen työsuojelutoimikunta.

Hyvinvointialueen yhteistoimintajärjestelmä

Välitön yhteistoiminta

Työpaikkatasolla yhteistoiminta toteutetaan välittömänä esihenkilön ja yksittäisen työntekijän välillä. Toinen tärkeä välittömän yhteistoiminnan muoto on työyksikön työpaikkakokous, jossa käsitellään työyksikön osalta yhteistoimintaan liittyviä asioita joko esihenkilön tai henkilöstön aloitteesta. Esimerkkinä tyypillisistä työpaikkakokousasioista ohjeessa mainitaan työyksikköä koskevat muutokset työn tekemisessä ja organisoinnissa. Olennaisista muutoksista tulee käydä erilliset yhteistoimintaneuvottelut. Työyhteisötasoa laajemmat muutostilanteet käsitellään joko palvelulinjatason tai vastaavan yhteistoimintaryhmissä tai hyvinvointialueen yhteistoimintaelimessä. Työyksikkötason välittömän yhteistoiminnan tehtävänä on yksikön toiminnan kehittäminen lähiesihenkilön ja henkilöstön yhteistyönä.

Ohjeessa ei mainita ainakaan suoraan kehityskeskusteluja, jotka tutkimuksissa on todettu myös tärkeäksi välittömän yhteistoiminnan muodoksi (Suonsivu 2020).

Edustuksellinen yhteistoiminta

Hyvinvointialueen palvelulinja- tai vastaavalla tasolla edustuksellista yhteistoimintaa toteuttavat yhteistoimintaryhmät. Palvelulinjan tai vastaavan tason yhteistoimintaryhmään kuuluu 12 jäsentä, joista 3 edustaa työnantajaa ja 6 henkilöstöä edustavia järjestöjä. Yhteistoimintaryhmän jäsenistä 3 on työsuojeluvaltuutettuja. Kullekin edustajalle nimetään henkilökohtainen varajäsen. Yhteistoimintaryhmän puheenjohtajana toimii vuorovuosin työnantajapuolen edustaja ja henkilöstön edustaja. Työnantajapuolen toimiessa puheenjohtajana, puheenjohtajina toimivat palvelulinjan tai vastaavan organisaatiotason johtavat esihenkilöt.

Yhteistoimintaryhmissä käsitellään asioita, jotka lain mukaan edellyttävät yhteistoimintamenettelyä. Asiapiiri on siis työnantajan ja henkilöstön välisestä yhteistoiminnasta kunnassa ja hyvinvointialueella annetun lain (631/2021) mukainen. Yhteistoimintaryhmien tulee huolehtia myös työsuojelun yhteistoiminnasta. Yhteistoimintaryhmissä ei käsitellä asioita, jotka on jo käsitelty hyvinvointialueen yhteistoimintaelimessä tai työsuojelutoimikunnissa, ellei hyvinvointialueen yhteistoimintaelimessä tai työsuojelutoimikunnissa ole edellytetty jatkoneuvottelujen käymistä palvelulinjan tai vastaavan yhteistoimintaryhmässä. Tukipalveluissa, strategisessa ohjauksessa ja pelastuspalveluissa yhteistoimintaryhmä ja työsuojelutoimikunta toimivat yhdessä.

Yhteistoimintaelimen, työsuojelutoimikunnan ja yhteistyöryhmien ensimmäinen toimikausi kestää vuoden 2025 loppuun saakka. Vuoden 2026 alusta toimikaudet ovat neljä vuotta kestäviä.

Edustukselliset yhteistoimintaryhmät toimivat palvelulinjatasolla tai vastaavalla tasolla eli organisaatiossa varsin korkealla tasolla. Aiemmin alueen sairaanhoitopiirissä yhteistyöryhmiä oli toimialueilla (Suonsivu 2021). Toimialueet olivat huomattavasti pienempiä yksiköitä kuin palvelulinjat ja vastaavat. Edustukselliset yhteistyöryhmät olivat siten aiemmin lähempänä työntekijöitä kuin nykyiset yhteistoimintaryhmät.

Hyvinvointialueen yhteistoimintaelin

Hyvinvointialueen ja henkilöstön välisenä ylimpänä edustuksellisena yhteistoimintaelimenä toimii hyvinvointialueen yhteistoimintaelin. Sen tehtävänä on edistää työnantajan ja henkilöstön välistä yhteistoimintaa ja käsitellä hyvinvointialueella yhteistoimintalain asiapiiriin kuuluvat asiat. Yhteistoimintaelin käsittelee koko hyvinvointialuetta koskevia yhteistoimintalaissa mainittuja asioita ja

muita yhteistoiminnan piiriin kuuluvia asioita sekä henki-
löstöä koskevia tärkeitä periaatteita, suunnitelmia ja lin-
jauksia. Edellä mainittuja ovat esimerkiksi hyvinvointialu-
een henkilöstötilinpäätös, taloutta koskevat suunnitel-
mat henkilöstövaikutusten osalta sekä hyvinvointialue-
tasoiset organisaatio- ja kehittämishankkeet.

Yhteistoimintaelimessä on 16 jäsentä, joista 4 edustaa
työnantajaa ja 12 henkilöstöä. Henkilöstön edustajat
pääsopijajärjestöittäin ovat: Sote ry 4, JAU 4 ja Juko 4.
Työnantajan edustajat yhteistoimintaelimeen nimeää
aluehallitus. Henkilöstön edustajina toimivat ammattijär-
jestöjen nimeämät edustajat. Lisäksi kokouksiin voidaan
kutsua asiantuntijoita. Yhteistoimintaelimen puheenjoh-
tajana toimii vuorovuosin työnantajapuolen edustaja ja
henkilöstön edustaja. Sihteerinä toimii henkilöstöjohta-
jan nimeämä henkilö. Yhteistoimintaelin voi myös aset-
taa valmistelevia työryhmiä.

Neuvotteluvelvollisuus

Yhteistoimintalakia täydentävässä ohjeessa todetaan, että yhteistoimintamenettelyllä edistetään avoimuutta, henkilöstön osallistumismahdollisuuksia ja hyvää henkilöstöpolitiikkaa. Työnantajan neuvottelee yhteistoimintalain piiriin kuuluvissa asioissa niiden työntekijöiden ja viranhaltijoiden kanssa, joita asia koskee.

Yhteistoimintamenettelyn tarkoituksena on antaa henkilöstölle mahdollisuus vaikuttaa asioihin. Siksi yhteistoimintamenettely tulee käynnistää henkilöstön edustajien kanssa asian valmistelun mahdollisimman aikaisessa vaiheessa ja saattaa menettely loppuun ennen päätöksentekoa. Työnantajan tulee myös ennen neuvotteluja toimittaa henkilöstölle riittävät tiedot neuvoteltavasta asiasta.

Ohjeen mukaan "yhteistoimintavelvoite on täytetty, kun työnantaja on toimittanut riittävät tiedot neuvotteluun kutsutuille henkilöstön edustajille etukäteen neuvoteltavasta asiasta ja kun yhteistoimintaneuvottelut on käyty

neuvoteltavan asian perusteista, vaikutuksista ja vaihto-
ehdoista edustuksellisessa tai välittömässä yhteistoimin-
tamenettelyssä".

"Jos työnantaja harkitsee taloudellisista tai tuotannolli-
sista syistä johtuen olennaisia muutoksia palvelussuhtei-
den ehtoihin tai työvoiman käytön vähentämistä irtisa-
nomisten, lomauttamisten tai osa-aikaistamisten kautta,
on neuvotteluvelvollisuuden täyttymisessä huomioitava
lisäksi laissa säädettyjen määräaikojen noudattaminen
sekä tällöin muut neuvottelumenettelyä koskevat vel-
voitteet. Yhteistoimintamenettelyvelvoitteen täytetty-
ään työnantaja voi ratkaista asian yksipuolisesti, vaikka
neuvotteluissa ei olisikaan saavutettu yksimielisyyttä asi-
asta."

Yhteistoimintamenettelyn taso

Se, millä tasolla ja missä kokoonpanossa yhteistoiminta-
menettely tapahtuu, riippuu asian laadusta ja laajuu-
desta. Yhteistoiminnassa ainakin käsiteltävät asiat on

lueteltu hyvinvointialuetta koskevan yhteistoimintalain 4 §:ssä.

Yhteistoimintamenettelyyn liittyvät vastuut

Esihenkilövastuu

Yhteistoimintalakia täydentävässä ohjeessa todetaan esihenkilöiden osalta, että yhteistoiminta on keskeinen osa esihenkilötyötä ja että työyhteisössä pyritään avoimeen ja luottamukselliseen vuorovaikutukseen ja yhteistyöhön esihenkilön ja työntekijöiden välillä. Välittömän yhteistoiminnan muodoista mainitaan työpaikkakokoukset, erilaiset kehittämistilaisuudet sekä esihenkilön ja työntekijän väliset ja ryhmäkohtaiset keskustelut.

"Työpaikkakokouksissa on huolehdittava siitä, että kaikille työntekijöille annetaan tosiasiallinen mahdollisuus osallistua asioiden käsittelyyn. Esihenkilö toimii kokouksen puheenjohtajana, huolehtii siitä, että asiat kirjataan pöytäkirjaan ja tarvittaessa viedään edustukselliseen yhteistoimintamenettelyyn, mikäli kyseessä on laajakantoinen henkilöstöä koskeva asia. Huomioitavaa on, että yhteistoimintamenettelystä voi delegoinnin tai työnjohdollisen määräyksen perusteella vastata myös muu työnantajan edustaja kuin käsiteltävästä asiasta päättävä esihenkilö."

Johdon vastuu

Lakia täydentävän ohjeen mukaan "hyvinvointialuejohtaja, palvelulinjojen johtajat, tukipalvelujohtaja ja strategiajohtaja vastaavat aluehallitukselle menevien päätösten osalta esittelemiensä asioiden osalta yhteistoimintamenettelystä huomioiden yhteistoimintalaissa mainitut asiaryhmät sekä muut yhteistoiminnan piiriin kuuluvat asiat".

Yhteistoimintamenettelystä voi työnjohdollisen määräyksen tai delegoinnin perusteella vastata myös muu työnantajan edustaja. Laajavaikutteisten asioiden osalta yhteistoimintamenettely tulee tarvittaessa siirtää hyvinvointialueen yhteistoimintaelimeen tai työsuojelutoimikuntaan. Lisäksi johtavat viranhaltijat toteuttavat oman henkilöstönsä osalta esihenkilövastuuta.

Palvelussuhdepalvelut ja johtavat viranhaltijat

Yleiset säännöllisesti käsiteltävät asiat hyvinvointialuetasoiseen yhteistoimintamenettelyyn valmistelee palvelussuhdepalvelut. Johtavat viranhaltijat tuovat tarvittaessa valmisteluvastuullaan olevat asiat palvelussuhdepalveluihin vietäväksi yhteistoimintamenettelyyn. Luottamuselinten päätösvaltaan kuuluvissa asioissa esittelevä viranhaltija huolehtii siitä, että asia tuodaan yhteistoimintamenettelyyn ennen päätöksentekoa. Hän myös huolehtii asian esittelystä yhteistoimintamenettelyssä.

Työntekijän ja henkilöstön edustajan vastuu

Lakia täydentävässä ohjeessa todetaan neuvottelemisen olevan molemminpuolista vuorovaikutusta. Myös työntekijäpuolelta edellytetään aktiivisuutta. Ohjeen mukaan "henkilöstön edustaja voi pyytää kaikilla yhteistoiminnan

tasoilla yhteistoimintamenettelyn aloittamista yhteistoi-
mintalain määrittämissä asioissa. Tällöin työnantajan on
käynnistettävä yhteistoimintamenettely tai annettava
viipymättä kirjallinen selvitys siitä, millä perusteella työn-
antaja ei pidä yhteistoimintamenettelyä tarpeellisena.
Kun johtoryhmässä tai työryhmässä on henkilöstön edus-
taja, se ei korvaa lain vaatimaa yhteistoimintamenette-
lyä".

Henkilöstön edustajan osallistuminen johtoryhmä-työskentelyyn

Hyvinvointialueen erikseen määritellyissä johtoryhmissä
on henkilöstön edustaja. Palvelulinjan johtoryhmän hen-
kilöstöedustajalta edellytetään, että hän on kyseisen pal-
velulinjan palveluksessa. Ammatillisten pääsopijajärjes-
töjen paikalliset edustajat nimeävät yhteisesti henkilös-
tön edustajan johtoryhmään. Henkilöstöä edustavan jä-
senen toimikauden tulee olla vähintään kahden vuoden
pituinen. Johtoryhmän henkilöstöedustajan oikeudet ja
velvollisuudet ovat samat kuin muillakin jäsenillä, mutta
työtaistelutilannetta koskevissa asioissa henkilöstön

edustaja on esteellinen osallistumaan johtoryhmän työhön.

Henkilöstön edustajat valmistelevassa työryhmässä

Henkilöstön nimeämillä edustajilla on mahdollisuus osallistua hyvinvointialueen, palvelulinjan, toimialueen, vastuualueen ja palveluyksikön toiminnan suunnittelua varten erikseen nimettäviin, työnantajan ja henkilöstön yhteisiin työryhmiin, jos valmisteltavalla asialla on tai on syytä olettaa olevan olennainen vaikutus henkilöstön asemaan tai työtehtäviin. Ohjeessa todetaan selkeästi, että henkilöstöedustus johtoryhmässä tai työryhmässä ei korvaa yhteistoimintamenettelyä päätettäessä yhteistoimintaalain tarkoittamista muutoksista.

Neuvottelukutsu, pöytäkirjaaminen ja tiedottaminen

Yhteistoimintaneuvottelut ja yhteistyöryhmien kokoukset kutsutaan koolle kutsulla ja/tai esityslistalla, mikä on toimitettava osallistujille vähintään viisi päivää ennen ko-

kousta. Säännöllisesti kokoontuvat yhteistoimintaryhmät ja työpaikkakokoukset toteuttavat lähtökohtaisesti yhteistoimintaa, eikä kutsussa tarvitse sitä välttämättä erikseen todeta. Kutsun yhteydessä annetaan riittävät ennakkotiedot neuvotteluun valmistautumista varten.

Yhteistoimintaneuvotteluista ja –kokouksista laaditaan pöytäkirja. Siitä tulee ilmetä ainakin neuvottelun tai kokouksen ajankohta, osallistujat, puheenjohtajan, sihteerin ja pöytäkirjan tarkastajien nimet, käyty keskustelu keskeisin osin, esitetyt kysymykset ja vastaukset, neuvottelun tulos ja mahdolliset osapuolten eriävät kannanotot, seuraavan neuvottelun/kokouksen ajankohta ja neuvottelun/kokouksen päättäminen.

Yhteistoiminnan toteutumista tukee viestintä yhteistoimintamenettelyn piiriin kuuluvista asioista ennen ja jälkeen yhteistoimintamenettelyn. Säännöllisistä työyhteisökokouksista ja yhteistoimintaryhmien kokouksista suositellaan tiedottaa sitä henkilöstöä, joita käsiteltävät asiat koskevat.

Vapautus työstä ja korvaukset

Henkilöstön edustajalla on oikeus saada riittävästi vapautusta työstään työaikana tapahtuvien yhteistoimintalaissa tarkoitettujen tehtävien hoitamiseksi. Vapautus käsittää yhteistoimintaa koskeviin kokouksiin osallistumisen, valmistautumisen neuvotteluihin ja neuvottelujen jälkityöt. Myös yhteistoimintalain toimeenpanoon liittyviin koulutuksiin on henkilöstön edustajalla oikeus saada riittävästi vapautusta työstään.

Työnantaja korvaa työstä vapautuksen ajalta aiheutuvan ansionmenetyksen. Jos henkilöstön edustaja osallistuu työaikansa ulkopuolella laissa tarkoitettuun yhteistoimintamenettelyyn, työnantajan on maksettava tehtävään käytetyltä ajalta korvaus, mikä vastaa henkilön säännöllisen työajan ansiota.

Yhteistoimintaelimessä käsiteltyjä asioita

Mitä asioita esimerkkihyvinvointialueen yhteistoiminta-elimessä on käsitelty? Seuraavassa poimintoja käsitel-lyistä asioista vuodelta 2023 ja kevätkaudelta 2024.

Kevätkausi 2023

Pirkanmaan hyvinvointialueen lyhytaikaisten sijaisten rekrytoinnin ja sisäisen keikkatyön toimintamalli ja varahenkilöstön nykytilanteen kartoittaminen hyvinvointialueella

Pirkanmaan hyvinvointialueen strategian toimeenpano-ohjelma

Henkilöstön edustajien nimeäminen hyvinvointialueen laajennettuun johtoryhmään sekä palvelulinjojen ja toimialueiden johtoryhmiin

Väärinkäytösten ilmoituskanavan prosessi Pirkanmaan hyvinvointialueella

Pirkanmaan hyvinvointialueen henkilöstön osaamisen kehittämisen periaatteet

Työvuorosuunnittelun prosessi Pirkanmaan hyvinvointialueella

Henkilöstön kokemuksen mittaus Pirkanmaan hyvinvointialueella

Pirkanmaan päivystystoiminnan nykytila ja kehittämistoimet - henkilöstön edustajan nimeäminen työryhmään

Kuntouttavan työtoiminnan avustavien tehtävien tarjoaminen Pirkanmaan hyvinvointialueen omissa yksiköissä

Pirkanmaan hyvinvointialueen toimintakertomus ja tilinpäätös 2022

Pirkanmaan hyvinvointialueen henkilöstökertomus 2022

Henkilöstöjäsenten nimeäminen Tays uudistamisohjelman valmistelu-työryhmään

Työvuorosuunnittelun prosessi Pirkanmaan hyvinvointialueella

Palkkaratkaisu 2022 - 2025 / Palkkaharmonisaatio

Pirkanmaan hyvinvointialueen YTT kokoonpano

Henkilöstöedustajan nimeäminen kuulemistyöpajaan

Vaalikelpoisuus hyvinvointialueen toimielimiin

Osa-sairauspäiväraha ja työkokeilu työterveyshuollon lausunnolla

Vastaus työsuojelun ja työhyvinvoinnin toimintaohjelmaa koskevaan huomio-pyyntöön

Henkilöstön edustajan nimeäminen toimeenpano-ohjelman työryhmään

Kelalle annettava lausunto Pirkanmaan sairaanhoitopiirin työterveyshuollon korvaushakemuksesta

Yhteistoimintaelimen järjestäytyminen 31.12.2023 saakka

Pirkanmaan hyvinvointialueen hallintosääntö

Yhteistoimintaprosessin kuvaus

Yhteistoimintaelimen kokousaikataulu vuodelle 2023

Pirkanmaan hyvinvointialueen psykiatrian sekä mielenterveys- ja päihdepalvelujen selvitystyöryhmän nimeäminen

Strategian toimeenpano-ohjelman kärjen 3.4 A ja 3.4 C edustajien nimeäminen

Yhteistoimintaelinten kokoustiedotteiden julkaisu Pirkanmaan hyvinvointialueen intrassa

Pysäköintiselvitys Pirkanmaan hyvin-vointialueella

Palveluiden verkoston suunnittelu, tilannekatsaus

Puhelutallenteiden kuuntelu Pirkanmaan hyvinvointialueella

Johtoryhmien henkilöstöedustajan ajankäyttö ja palkkio

Lomarahan vaihtamisen periaatteet Pirkanmaan hyvinvointialueella lomavuonna 2023 – 2024

Henkilöstön edustajan varahenkilön vaihtuminen hyvinvointialueen toimialueen johtoryhmässä

Henkilöstön edustajan nimeämisen vahvistaminen TAYS kehitysyhtiön hallitukseen

Henkilöstön edustajan nimeäminen tasa-arvo ja yhdenvertaisuussuunnitelman työryhmään

Henkilöstön edustajan nimeäminen Pirkanmaan hyvinvointialueen turvallisuustyöryhmään

Strategian toimeenpano-ohjelman henkilöstöedut -työryhmän henkilöstön edustajan nimeäminen

Psykiatrian tilannekatsaus

Työvoimanhallinnan tietojärjestelmä-
hankinnan tilannekatsaus

Palvelukohtaiset periaatteet palvelujen
verkostolle

Pirkanmaan hyvinvointialueen päivystys-
palveluiden selvitys

Syyskausi 2023

Tekninen valvonta ja lokitietojen tieto-
turvallisuus valvonnassa

Kameravalvonnan periaatteet Pirkanmaan
hyvinvointialueella

Digitaalinen klinikka

Pirkanmaan hyvinvointialueen vastaan-
ottopalveluiden sekä työikäisten sosiaali-
palveluiden palveluverkkoselvitys

Pirkanmaan hyvinvointialueen vuode-
osastojen paikkatarvelaskennan selvitys

Heinäkuun talouden toteuma ja sen
pohjalta tehty ennuste vuoden 2023
taloudesta

Henkilöstön edustajien nimeäminen tasa-
arvo ja yhdenvertaisuussuunnitelman
työryhmään

Henkilöstöedustajien nimeäminen
palkkaharmonisaatio -työryhmään

Henkilöstön edustajien nimeäminen
hyvinvointialueen johtoryhmiin

Henkilöstöedustajien nimeäminen
yhteistoimintaryhmiin

Henkilöstön edustajien nimeäminen
sairaalalinjan työryhmiin

Pirkanmaan hyvinvointialueen IKI2035 -
ikäihmisten palvelujen kehittämis-
ohjelmaluonnos

Pirkanmaan hyvinvointialueen vammaisten
asumispalvelujen selvitys

Mielenterveys- ja päihdeasiakkaiden
asumispalvelujen kehittämisen selvitys

Pirkanmaan psykiatrian sekä
mielenterveys- ja päihdepalveluiden
selvitystyöryhmän loppuraportti

Päivystysreformin alatyöryhmien
henkilöstöedustajien nimeäminen

Henkilöstön edustajien nimeäminen
hyvinvointialueen johtoryhmiin

Henkilöstön edustajien nimeäminen
yhteistoimintaryhmiin

Pirkanmaan hyvinvointialueen
henkilöstölle tehty kysely
henkilöstöetuuksista

Pirkanmaan hyvinvointialueen päihde- ja
riippuvuusohjelman päivitys

Henkilöstövuokrauksen hankinta

Potilastietojärjestelmän hankinnan
käynnistäminen

Toimitilaohjelma 2023-2025

Strategian toimeenpano-ohjelman kärki 3
tilannekatsaus

Uudistuvan hallinnon ja päätöksenteon
ohjelma

Vuoden 2024 talousarvio ja talous-
suunnitelma sekä henkilöstösuunnitelma

Pirkanmaan hyvinvointialueen pelastus-
toimen palvelutasopäätös 2024-2026

Yhteistoimintaelimen kokousaikataulu
vuodelle 2024

Henkilöstöedustajien nimeäminen tuki-
palveluiden, pelastuspalveluiden sekä
konsernipalveluiden johtoryhmiin

Henkilöstön edustajien nimeäminen
yhteistoimintaryhmiin

Suun terveydenhuollon palveluiden verkoston selvitys

Lasten, nuorten ja perheiden palveluiden verkoston selvitys

Sosiaalityön selvitys

Pirkanmaan hyvinvointialueen avo- kuntoutuksen palveluiden verkoston selvitys

Pirkanmaan hyvinvointialueen vammaisten päivä- ja työtoiminnan sekä vammais- sosiaalityön selvitys

Pirkanmaan hyvinvointialueen riskien- hallintasuunnitelma 2024

Paikantaminen ja sijaintitiedon kerääminen

Työntekijätasoinen raportointia Tabu -järjestelmässä

Rikostaustaotteiden pyytäminen 1.1.2024 alkaen

Henkilöstöetuudet 2024

Yhteistoimintaelimen puheenjohtajiston nimeäminen 2024 alkaen

Henkilöstöedustajien nimeäminen työsuojelutoimikuntaan

Yhteistoimintaelimen nimeämät
työryhmät

Kevätkausi 2024

Alueellinen turvallisuussuunnitelma

Pirkanmaan hyvinvointialueen
hallintosäännön päivittäminen

Henkilöstön vaikuttamismahdollisuuksien
parantaminen osana uudistuvan hallinnon
ja päätöksenteon ohjelmaa

Henkilöstön edustajien nimeäminen
yhteistoimintaryhmiin

Henkilöstön edustajien nimeäminen
hyvinvointialueen palvelulinjojen
johtoryhmiin

Henkilöstön edustajien nimeäminen
digitalisaation palvelutuotannon
ohjausryhmään ja toimeenpanoryhmään

Pirkanmaan hyvinvointialueen tasa-arvo-
ja yhdenvertaisuussuunnitelma 2024-2025

Sosiaalityön ja sosiaaliohjauksen selvitys

Tietojenkalastelusimulaatio

Vuoden 2024 talousarvion ja talous-
suunnitelman vuosille 2024-2026
muuttaminen

Lasten ja nuorisopsykiatrian, mielen-
terveys- ja päihdepalveluiden selvitys

Henkilöstöedustajan nimeäminen
Pirkanmaan hyvinvointialueen lasten ja
nuorisopsykiatrian, mielenterveys- ja
päihdepalveluiden selvitystyöryhmään

Henkilöstöedustajien nimeäminen
työsuojelutoimikuntiin

Henkilöstöedustajan nimeäminen Tays
uudistamisohjelman johtoryhmään

Henkilöstöedustajien nimeäminen
yhteistoimintaryhmiin

Henkilöstöedustajien nimeäminen arjen
turvallisuus -työryhmään

Koonti yhteistoimintaryhmien kokouksista
2023

Pirkanmaan hyvinvointialueen tilinpäätös
ja toimintakertomus vuodelta 2023

SOTE –sopimuksen hinnoittelumuutokset

Henkilökohtaisen lisän ohjekirje

Demokratiarakenteen kehittämisprojektin esittely ja henkilöstöedustajien nimeäminen

Uudelleensijoituksen toimintamalli Pirkanmaan hyvinvointialueella

Fiilismittarin tulokset

Yhteistoimintaelimessä käsiteltävien henkilöstön edustajien nimeämiset 2024

Tavoitteellinen työkierto Pirkanmaan hyvinvointialueella

Eettiset toimintaperiaatteet Pirkanmaan hyvinvointialueella

Osavuosikatsaus 1-3/2024

Vuoden 2025 taloussuunnitteluohje

Ostopalvelutyöryhmän väliraportti

Pirkanmaan hyvinvointialueen henkilöstökertomus 2023

Etätyöohje Pirkanmaan hyvinvointialueella

Lähde: Pirkanmaan hyvinvointialueen yhteistoiminta-elimen pöytäkirjat vuodelta 2023 ja kevätkaudelta 2024.

Edellä oleva poiminta hyvinvointialueen yhteistoiminta-elimessä käsitellyistä asioista antaa hyvän kuvan siitä, miten laissa (Laki työnantajan ja henkilöstön välisestä yhteistoiminnasta kunnassa ja hyvinvointialueella, 631/2021) määriteltyjä yhteistoimintamenettelyn piiriin kuuluvia asioita on ollut käsittelyssä. Poiminta kertoo myös sen, että asioita on voitu ottaa käsittelyyn laajemminkin, kuin mitä lain minimi edellyttää. Poiminta kertoo myös siitä, että aiemmin sairaanhoitopiirissä ja sosiaali-toimessa vakiintuneet hyvät käytännöt ovat siirtyneet hyvinvointialueelle.

Hyvinvointialueen työsuojelun yhteistoiminta

Työsuojelutoimikunta

Työsuojelutoimikuntien kokoonpanosta säädetään Työsuojelun valvonnasta ja työpaikan työsuojeluyhteistoiminnasta annetun lain (44/2006) 39§:n mukaisesti. Sen

mukaan työsuojelutoimikunnassa on joko 4, 8 tai 12 jä-
sentä. Neljännes jäsenistä edustaa työnantajaa ja puolet
työntekijöiden tai toimihenkilöasemassa olevien työnte-
kijöiden ryhmää, joka on näistä suurempi ja neljännes
sitä ryhmää, joka on näistä pienempi.

Esimerkkinä olevalla hyvinvointialueella on työnantajan
ja ammattijärjestöjen kesken sovittu, että ylimmässä
koko hyvinvointialueen työsuojelutoimikunnassa on 16
jäsentä, joista 4 edustaa työnantajapuolta ja 12 työnte-
kijäpuolta. Työntekijäpuolen edustajat ovat työsuojelu-
valtuutettuja.

"Työsuojelutoimikunnan puheenjohtajana toimii hyvin-
vointialueen työsuojelusta vastaava viranhaltija tai hä-
nen nimeämänsä työnantajan edustaja. Hyvinvointialu-
een työsuojeluelin käsittelee laissa määriteltyjen asioi-
den lisäksi työterveyshuoltoon liittyvät linjaukset ja peri-
aatteet."

Yhteistoiminnassa käsiteltävät työsuojeluasiat on lueteltu työsuojelun valvontalain 26 §:ssä. Esimerkkinä olevalla hyvinvointialueella laaditussa lakia täydentävässä ohjeessa on tarkennuksia asiapiirin kohtiin esimerkiksi seuraavasti.

Työntekijän turvallisuuteen ja terveyteen välittömästi vaikuttavat asiat ja niitä koskevat muutokset:

> Hyvinvointialueella käsittely tapahtuu välittömässä sekä muodollisessa yhteistoiminnassa. Asiakokonaisuudet huomioiden. Yksikkökokouksista koko hyvinvointialuetasoiseen työsuojelutoimikuntaan asti.

Periaatteet ja tapa, joiden mukaan työpaikan vaarat ja haitat selvitetään sekä edellä tarkoitetussa selvityksessä ja työterveyshuollon tekemässä työpaikkaselvityksessä esille tulleet työntekijöiden turvallisuuteen ja terveyteen yleisesti vaikuttavat seikat:

> Hyvinvointialueen tasolla käsitellään järjestelmät tms., joilla vaarat ja haitat selvitetään esim. uuden järjestelmän hankinta yms. Työpaikkaselvitykset

käsitellään yhteistyöryhmissä ja alueellisissa työsuojelutoimikunnissa koostetusti. Hyvinvointialuetason toimikunnassa käsitellään vain poikkeavat tilanteet.

Työntekijöiden turvallisuuteen, terveyteen ja työkykyyn vaikuttavat työn järjestelyyn ja mitoitukseen sekä niiden olennaisiin muutoksiin liittyvät asiat:

Hyvinvointialueella näiden asioiden käsittely tapahtuu välittömässä sekä muodollisessa yhteistoiminnassa. Asiakokonaisuudet huomioiden. Yksikkökokouksista koko hyvinvointialuetasoiseen työsuojelutoimikuntaan asti.

Työsuojeluviranomaisen valvontaan kuuluvissa laissa tarkoitetun työntekijöille annettavan opetuksen, ohjauksen ja perehdyttämisen tarve ja järjestelyt:

Hyvinvointialueen aluekohtaisissa työsuojelutoimikunnissa tapahtuu pääasiallinen käsittely ja koko hyvinvointialuetasolla alueelliset koosteet, huomiot, jne.

Työhön, työympäristöön ja työyhteisön tilaan liittyvät, työn turvallisuuteen ja terveellisyyttä kuvaavat tilasto- ja muut seurantatiedot:

> Aluetason työsuojelutoimikunnassa alueen tilastot ja seuranta, hyvinvointialuetasolla koko organisaatioon liittyvät seuranta- ja tilastotiedot.

Edellä mainituissa kohdissa tarkoitettujen asioiden toteutumisen ja vaikutusten seuranta:

> Toteutumisen ja vaikutusten seurantaa tapahtuu niin aluetasolla kuin koko hyvinvointialuetasolla.

Huomioitavaa eri tason käsittelyssä on se, että työsuojelutoimikunnissa ei käsitellä yksittäisten työntekijöin asioita.

Alueelliset työsuojelutoimikunnat

Esimerkkihyvinvointialueella sosiaali- ja terveyspalveluiden toiminta ja henkilöstö on jaettu neljään palvelulinjaan ja palvelulinjojen toiminta jakaantuu kolmelle alueelle: etelään, länteen ja pohjoiseen. Näillä alueilla toimivat erilliset alueelliset työsuojelutoimikunnat. Lisäksi yliopistosairaalan alueella on oma työsuojelutoimikunta. Tukipalveluissa, strategisessa ohjauksessa ja pelastuspalveluissa yhteistoimintaryhmä ja työsuojelutoimikunta toimivat yhdessä.

Alueellisissa työsuojelutoimikunnissa on muutoin kussakin 8 jäsentä, paitsi pohjoisella alueella, jossa jäseniä on 12. Työnantajan edustajia alueellisissa työsuojelutoimikunnissa on yleensä 2, paitsi pohjoisella alueella 4. Loput jäsenistä ovat työsuojeluvaltuutettuja ja työntekijäedustajia. Asiantuntijajäseniä ovat työsuojelupäällikkö ja työterveyshuollon edustaja. Niissä palveluissa, joissa yhteistyöryhmä ja työsuojelutoimikunta toimivat yhdessä, toimikuntien koosta sovitaan yhteistoimintaneuvotteluissa.

Työnantaja nimeää työsuojelutoimikuntaan sellaisen edustajansa, jonka tehtäviin toimikunnassa käsiteltävien asioiden valmistelu kuuluu. Työsuojelutoimikunnan puheenjohtajana toimii työnantaja tai tämän edustaja taikka toimikunnan keskuudestaan valitsema henkilö. Työsuojelupäällikkö osallistuu toimikunnan kokouksiin silloinkin, kun hän ei ole sen jäsen.

Yhteistoiminta johtamisen ja esihenkilötoiminnan tukena

Hyvinvointialueet ovat moniportaisia suuria organisaatioita, joissa työskentelee suuri joukko johtajia ja esihenkilöitä eri organisaatiotasoilla. Miten yhteistoiminta auttaa ja tukee johtamista? Tähän vaikuttaa monet tekijät. Yhteistoiminnan organisointi on jo sinällään tekijänä merkittävä eli miten hyvin yhteistoiminta on nivelletty linjaorganisaatioon. Hyvinvointialuetasolla toimivassa yhteistoimintaelimessä käsitellään koko hyvinvointialuetta koskevat linjaukset ja vuosittaiset toiminta-, talous- ja henkilöstösuunnitelmat. Työnantajan edustajina tällä

ylimmällä tasolla toimivat yleensä hyvinvointialueen joh-
tavat virkahenkilöt. Henkilöstön edustajat tuovat asioihin
omat näkemyksensä esimerkiksi antamalla lausuntoja
edellä mainituista vuosittaisista suunnitelmista. Näin hy-
vinvointialueen johto saa esitystensä tueksi henkilöstön
näkemykset ja vastaavasti he pääsevät perustelemaan ja
selvittämään käsiteltävien asioiden ja esitysten taustoja
ja vaikutuksia hyvinvointialueen toimintaan. Kun asiat
etenevät hyvinvointialueen hallituksen ja viime kädessä
valtuuston päätettäviksi, ne sisältävät tällöin myös hen-
kilöstön kannanotot. Parhaimmillaan yhteistoimintame-
nettelyssä on löydetty työnantajan ja henkilöstön kesken
yhteinen näkemys.

Johtaminen ja esihenkilötyö on jatkuvaa päätöksentekoa
kaikilla organisaatiotasoilla. Vartolan (2005) mukaan jo-
kainen osallistuu hallintoon tehdessään päätöksiä ja va-
lintoja omassa työssään. Yhteistoimintalain mukaan en-
nen päätöksentekoa yhteistoiminnan piiriin kuuluvassa
asiassa on neuvoteltava ainakin niiden henkilöiden tai

henkilöstön edustajien kanssa, joita tehtävä päätös koskee. Henkilöstön tulee saada johtajalta tai esihenkilöltä tiedot suunnitellun toimenpiteen perusteista, vaikutuksista ja vaihtoehdoista ennen päätöksentekoa.

Harisalon (2009) mukaan päätöksenteko vaikuttaa organisaation menestykseen enemmän kuin organisaation rakenne, henkilöstö, johtajien ominaisuudet ja teknologia.

Tärkeätä on se, että johtajat ovat perehtyneet riittävästi yhteistoimintalakiin ja sen vaatimuksiin sekä ottaneet työtavakseen yhteistoiminnallisen johtamisen. Tämä tarkoittaa sitä, että yhteistoimintamenettely ja henkilöstön mukaan otto on kytketty jo asioiden valmisteluun, jolloin henkilöstön kannanotot ja näkemykset ovat päättäjän tiedossa ennen päätöksentekoa. Toisaalta tulee muistaa myös se, että yhteistoimintamenettely ei rajoita johtajan tai esihenkilön päätösvaltaa. Vaikka yhteisymmärrystä ei yhteistoimintamenettelyssä löydy, päätöksentekijä tekee asiassa päätöksen.

Esihenkilöt eri työyksiköissä joutuvat tekemään toimintaa ja henkilöstöä koskevia päätöksiä jatkuvasti. Hyvinvointialueella esihenkilö toimii johdon ja henkilöstön välimaastossa. Työyksikön toiminnalle on luotu tavoitteet ja annettu siihen talous- ja henkilöstöresurssit. Esihenkilötyö onkin erittäin vaativaa ja siksi esihenkilö tarvitsee työhönsä sekä ylempien esihenkilöiden ja johdon että oman yksikkönsä henkilöstön tuen. Tämä onnistuu, kun käytössä ovat välittömän yhteistoiminnan keinot.

Kunnallinen työmarkkinalaitos (2005) on linjannut välittömän yhteistoiminnan muotoja seuraavasti:

> Esimies – alaiskeskustelu
>
> Kehityskeskustelu
>
> Työpaikkakokoukset
>
> Palautteen antaminen
>
> Työnohjaus
>
> Tiedotustilaisuudet
>
> Koulutus- ja tiedotusluonteiset neuvottelutilaisuudet

Osallistuminen kehittämisprojekteihin

Laatu- ja tuloksellisuusryhmät

Tiimit

Keskeisin välittömän yhteistoiminnan muoto on esihenkilön ja työntekijän välinen **suora keskustelu** yhteistoimintamenettelyn piiriin kuuluvista asioista. Tällöin työntekijä voi ilmaista mielipiteensä ja tehdä ehdotuksia päästen parhaiten vaikuttamaan omaa työtään ja omaa työyhteisöään koskeviin asioihin.

Suora keskustelu on tärkeä myös esihenkilön kannalta. Hän voi esimerkiksi kertoa tarkemmin suunnitelmista, toimenpiteistä, tehtävien muutoksista sekä niiden perusteluista, vaikutuksista ja vaihtoehdoista. Samalla hän kuulee työntekijän mielipiteen ja näkemykset ennen päätöksentekoa. Suoran keskustelun tavoitteena on löytää asioihin yhteisesti hyväksyttävissä olevia ratkaisuja, johon molemmat osapuolet voivat sitoutua. (Suonsivu 2021.)

Toinen keskeinen välittömän yhteistoiminnan muoto on työntekijän ja esihenkilön välinen **kehityskeskustelu.** Hyvinvointialueiden muodostaminen on luonut uusia työyhteisöjä. Osalla työntekijöistä on nyt uusi esihenkilö ja vastaavasti esihenkilöllä uusia työntekijöitä. Tässä murroksessa kehityskeskustelun tärkeys korostuu. Olisi hyvä, jos kehityskeskustelut saataisiin hyvinvointialueilla nopeasti käyntiin. Kehityskeskustelut ovat monessa työyhteisössä vuosittaisia tilaisuuksia, mutta uusissa työyhteisöissä niitä voisi olla tiheämminkin.

Kehityskeskustelu on luottamuksellinen työntekijän ja esihenkilön välillä, koska niissä käsitellään esimerkiksi työntekijän työtä, työssä selviytymistä, koulutustarpeita, työhyvinvointiasioita, työnohjausta, jne. Ennen kaikkea luodaan katse tulevaisuuteen. Tärkeätä on, että kehityskeskustelu tukee ja kannustaa työntekijää sekä lisää osapuolten välistä luottamusta.

Kolmas keskeinen välittömän yhteistoiminnan muoto on **työpaikkakokous.** Kyseessä on työpaikalla pidettävä kokous, johon osallistuu mahdollisimman moni työpaikan työntekijä sekä työpaikan esihenkilö ja mahdollisesti ylempi esihenkilö ja tarvittaessa asiantuntijoita. Myös työsuojelun yhteistoiminnan edustajalla, esimerkiksi työsuojeluvaltuutetulla, on läsnäolo-oikeus, ainakin silloin, kun käsitellään turvallisuusasioita. Kokouksen onnistumisen kannalta on tärkeätä, että kokouksen ajankohtana mahdollisimman moni työntekijä pääsee siihen osallistumaan.

Työpaikkakokouksen puheenjohtajana toimii työpaikan esihenkilö. Asiat työpaikkakokouksessa voivat olla sekä suuria että pieniä. Keskeisenä tietenkin itse yksikön työtehtäviin liittyvät asiat, toiminnan resurssit, tila-asiat, hankinnat, vuosilomat, koulutusasiat, työsuojelu- ja turvallisuusasiat, jne. Tärkeätä on, että osallistujat saavat esittää asioita käsittelyyn ja pääsevät vapaasti ilmaisemaan näkemyksensä asioihin. Tärkeätä on laatia työpaikkakokouksesta muistio, johon kirjataan kokouksen ajankohta, osallistujat, käsitellyt asiat, tehdyt päätökset ja ilmaistut eriävät mielipiteet. Dokumentoinnin avulla viestitään niille, jotka eivät olleet kokouksessa mukana sekä helpotetaan asioiden etenemisen seurantaa. Hyvin suunnitellut ja järjestetyt työpaikkakokoukset tukevat erinomaisesti esihenkilöä työyksikön johtamisessa ja edistävät hyvinvointialueen työpaikan yhteisöllisyyttä.

Jokainen työssä aloittanut tietää miten tärkeätä on se, että on saanut hyvän perehdytyksen työorganisaatioon ja omiin työtehtäviinsä. Perehdytyksen merkitys sen kuin vain kasvaa, kun hyvinvointialueilla tehdään muutoksia. Luodaan kokonaan uusia työyhteisöjä ja muokataan työnkuvia. Perehdytyksen hyvä hoito vaatii johtajilta ja esihenkilöiltä taitoa ja osaamista, mutta myös työntekijöiltä aktiivisuutta ja innovatiivisuutta.

Palautteen antaminen työtehtävien hoitamisesta on työntekijälle hyvin tärkeätä. Olenko tehnyt työni riittävän hyvin? Olenko keskittynyt oikeisiin asioihin? Täytänkö paikkani työyhteisössä? Kysymyksiä työhön liittyen on mielessä paljon. Palautetta työntekijät saavat esihenkilöiltään, mutta myös työtovereiltaan. Tärkein palaute tulee esihenkilöltä, joka hallitsee työn substanssin ja joka on vastuussa työyksikön tavoitteiden toteuttamisesta.

Erityisen tärkeätä palaute on nuorille, jotka aloittelevat työuraansa. Olen aikaisemmassa kirjassani käyttänyt itseäni esimerkkinä palautteen puutteesta ensimmäisessä työpaikassani 15-vuotiaana. (Suonsivu 2021.) Esihenkilö teki omia töitään, mutta ei antanut lainkaan palautetta. Jouduin siten itse arvioimaan tekemääni ja pohtimaan työssä onnistumistani. Palautteen tulee olla työntekijää kannustavaa ja tukevaa. Myös esihenkilöt tarvitsevat ja saavat palautetta. Sitä antavat ylemmät esimiehet, mutta myös kollegat ja alaiset. Palautteen anto on osa välitöntä yhteistoimintaa työyhteisössä.

Hyvinvointialueen toiminnassa on suuri merkitys myös muilla kunnallisen työmarkkinalaitoksen listaamilla välittömän yhteistoiminnan muodoilla: tiedotustilaisuudet, koulutus- ja tiedotusluonteiset neuvottelut, osallistuminen kehittämishankkeisiin, tiimit, laaturyhmät ja työnohjaus. Riittävä tiedotus korostuu toimintojen organisoineissa ja muutostilanteissa. Hyvällä ja oikea-aikaisella tiedottamisella saadaan henkilöstölle oikeata tietoa ja vähennetään erilaisten huhujen leviämistä. Henkilöstön osallistuminen hyvinvointialueen kehittämishankkeisiin on myös tärkeätä. Laaturyhmien, tiimien ja työnohjauksen merkitys riippuu paljolti työyksikön tehtävien luonteesta, mutta ovat kokonaisuutena tärkeä osa välitöntä yhteistoimintaa.

Henkilöstön vaikutusmahdollisuudet omaan työhönsä ja työyhteisöönsä

Henkilöstön mahdollisuudet vaikuttaa omaan työhönsä ja omaan työyhteisöönsä vaihtelevat työpaikoittain. Jos hyvinvointialueella on pystytty luomaan työnantajan ja henkilöstön kesken hyvin toimiva yhteistoimintamalli, se edesauttaa henkilöstön vaikutusmahdollisuuksia.

Edellä on selvitetty välittömän yhteistoiminnan muotoja ja niistä välittömän keskustelun avulla työntekijällä on tutkitusti parhaat mahdollisuudet vaikuttaa omaa työtään ja työyhteisöään koskeviin asioihin. Tutkimuskyselyyni vastanneista 9/10 oli tätä mieltä. (Suonsivu 2018.)

Toinen vahva omaan työhön vaikuttamisen paikka on esihenkilön ja työntekijän välinen kehityskeskustelu. Monessa työorganisaatioissa velvoitetaan työntekijät osallistumaan vuosittain kehityskeskusteluun. Kehityskeskustelut ovat luottamuksellisia tilanteita, jolloin työntekijä pääsee kahden kesken käymään läpi hyvin perusteellisesti omaa työtään koskevia asioita ja näin ollen myös niihin vaikuttamaan. Tutkimuskyselyyni vastanneista 8/10 katsoi voivansa vaikuttaa omaa työtään koskeviin asioihin kehityskeskustelun myötä vähintään hyvin. (Suonsivu 2018.)

Kolmas vahva omaan työhön vaikuttamisen paikka on työpaikkakokous. Se on luonteensa vuoksi myös erittäin hyvä paikka vaikuttaa omaa työyhteisöään koskeviin asioihin. Työnantajan asia on huolehtia työpaikkakokousten järjestämisestä. Kokouksia on hyvä järjestää säännölli-

sesti, niin kuin monessa työyhteisössä tehdäänkin. Työ-
paikkakokouksen puheenjohtajana toimivan esihenkilön
osaaminen on myös edellytys onnistuneeseen työpaikka-
kokoukseen. Tutkimuskyselyssäni 8/10 vastaajista il-
moitti, että voi työpaikkakokouksen kautta vaikuttaa
omaan työhönsä vähintään hyvin. (Suonsivu 2018.)

On paljon muitakin työhön ja työyhteisöön vaikuttami-
sen paikkoja, kuten koulutustilaisuudet, tiedotustilaisuu-
det, osallistuminen kehittämisryhmiin, työnohjaus, tiimit
ja laaturyhmät esimerkkeinä, mutta niiden merkitys on
edellä esitettyjä kolmea vähäisempi.

Henkilöstö voi vaikuttaa omaan työhönsä ja työyhtei-
söönsä myös edustuksellisten yhteistoimintaelinten
kautta. Tärkeätä onkin luoda hyvinvointialueelle hyvät
käytännöt siten, että työntekijät voivat olla yhteydessä
edustajiinsa sekä hyvinvointialuetason yhteistoimintaeli-
messä että palvelulinjatason ja muissa vastaavissa yhteis-
työryhmissä. Työsuojelun ja työturvallisuuden osalta
sama koskee yhteyksiä työsuojelutoimikunnissa toimiviin
ja yleensäkin työsuojeluvaltuutettuihin. Henkilöstön

edustajilla edustuksellisissa yhteistoimintaelimissä tulee olla riittävästi aikaa henkilöstön yhteydenottoihin, jotta vaikutusmahdollisuudet toteutuisivat.

Henkilöstö tuntee työnsä ja tunnistaa epäkohdat ja parannusta vaativat työkäytännöt. Henkilöstö tunnistaa myös oman työyhteisönsä tilanteen ja mahdolliset ongelmat. Kun työntekijä esittää asian esihenkilölleen, hän on asiaa miettinyt ja hänellä yleensä on myös ajatus siitä, miten asia pitäisi hoitaa. Viisas johtaja ja esihenkilö kuunteleekin tarkasti yksikkönä henkilöstöä. Työuraltani muistan johtajan, joka aina tarjosi henkilöstön edustajalle erinomaisen mahdollisuuden vaikuttaa sanomalla hänelle asiaa esittämään tulleelle: "Mitä ehdotat ratkaisuksi".

Yhteistoimintamenettelyn lisäksi hyvinvointialueen henkilöstöllä on muitakin vaikutusmahdollisuuksia. Esimerkiksi henkilöstön edustus johtoryhmissä organisaation eri tasoilla antaa vahvan mahdollisuuden tuoda jo valmisteluvaiheessa esille henkilöstön näkemyksiä asioihin. Yleensäkin osallistuminen asioiden valmisteluun antaa vaikutusmahdollisuuksia. Etenkin muutostilanteissa kokemus osallistumisesta on tärkeätä. (Alasoini 2010.)

Henkilöstön vaikutusmahdollisuuksia parantaa hyvä perehtyminen yhteistoimintaa ja työsuojelun yhteistoimintaa koskeviin säädöksiin. Hyvinvointialueillekin sopisi hyvin eräässä sairaanhoitopiirissä jo pitkään toteutetut koulutustilaisuudet otsikolla "Valmiuksia toimia henkilöstön edustajana". Näissä olivat mukana kaikki kyseisen sairaanhoitopiirin edustuksellisissa yhteistoimintaelimissä (yhteistyötoimikunta, yhteistyöryhmät, työsuojelutoimikunta) toimivat. Työnantajan pitää huolehtia hyvinvointialueen yhteistoimintakoulutuksesta, mutta henkilöstön asia on myös oma-aloitteisesti perehtyä yhteistoimintaa ja työsuojelua koskeviin lakeihin ja sopimuksiin. Ammattijärjestöt ovat kautta vuosikymmenten kiitettävästi järjestäneet omalle jäsenistölleen yhteistoimintakoulutuksia. Suositeltavia tilaisuuksia ovat myös paikalliset yhteistoimintakoulutukset, joissa on mukana sekä työnantajien että henkilöstön edustajia.

Hyvinvointialueen työhyvinvointitutkimus

Työnantajan ja henkilöstön väliseen yhteistoimintaan kuuluvat myös työhyvinvointia koskevat asiat. Työterveyslaitos teki syksyllä 2023 laajan viiden hyvinvointialueen henkilöstöä koskeneen työhyvinvointitutkimuksen, missä selvitettiin työtä, työyhteisöä, johtamista sekä pito- ja vetovoimaa koskevia asioita. Yhteensä tutkimukseen osallistui 25334 henkilöä eli 53 prosenttia kyseisten hyvinvointialueiden henkilöstöstä. Suomen suurimman hyvinvointialueen, Pirkanmaan, henkilöstöstä tutkimukseen osallistui 48 prosenttia eli 9558 henkilöä. Seuraavassa HVA-tutkimustuloksia tiivistetysti siten, että väittämän (lihavoitu) jälkeen siihen myönteisesti vastanneiden prosenttiosuus. Pirkanmaan hyvinvointialueen osalta tiivistelmään on otettu kaksi korkeinta vastausta ja yksi matalin.

Työ

Työ on palkitsevaa

Hyvinvointialueet keskimäärin	27,0 %
Pirkanmaa	25,8 %
Sote palvelutuotannon johto ja integraatiotoiminta	42,6 %
Strateginen ohjaus ja järjestäminen	35,7 %
Pelastuspalvelut	21,8 %

Voi vaikuttaa työaikoihinsa

Hyvinvointialueet keskimäärin	39,2 %
Pirkanmaa	38,2 %
Strateginen ohjaus ja järjestäminen	69,0 %
Sote palvelutuotannon johto ja integraatiotoiminta	68,5 %
Pelastuspalvelut	25,2 %

Työn ja muun elämän yhteensovittaminen: Työ vie aikaa muulta elämältä

Hyvinvointialueet keskimäärin	46,3 %
Pirkanmaa	49,5 %

Sairaalapalvelut	52,8 %
Ikäihmisten ja vammaisten palvelut	50,7 %
Pelastuspalvelut	32,8 %

Panostaa työhönsä

Hyvinvointialueet keskimäärin	86,2 %
Pirkanmaa	86,1 %
Lasten, nuorten ja perheiden palvelut	90,2 %
Strateginen ohjaus ja järjestäminen	88,1 %
Tukipalvelut	77,5 %

Kokee työstressiä: paljon panostusta, vähän palkitsevuutta

Hyvinvointialueet keskimäärin	21,4 %
Pirkanmaa	22,6 %
Lasten, nuorten ja perheiden palvelut	26,2 %
Avopalvelut	24,2 %
Pelastuspalvelut	14,5 %

Kokee työpaineita

Hyvinvointialueet keskimäärin	38,6 %
Pirkanmaa	37,4 %
Strateginen ohjaus ja järjestäminen	41,7 %
Avopalvelut	41,1 %
Sote palvelutuotannon johto ja integraatiotoiminta	25,8 %

Kokee työnsä henkisesti erittäin raskaaksi

Hyvinvointialueet keskimäärin	21,8 %
Pirkanmaa	23,2 %
Lasten, nuorten ja perheiden palvelut	28,7 %
Ikäihmisten ja vammaisten palvelut	25,7 %
Sote palvelutuotannon johto ja integraatiopalvelut	4,7 %

Kokee työnsä fyysisesti erittäin raskaaksi

Hyvinvointialueet keskimäärin	4,4 %
Pirkanmaa	4,3 %

Ikäihmisten ja vammaisten palvelut	8,5 %
Tukipalvelut	8,3 %
Strategien ohjaus ja järjestäminen	0,0 %

Kokee työnsä mielekkääksi

Hyvinvointialueet keskimäärin	70,8 %
Pirkanmaa	70,5 %
Lasten, nuorten ja perheiden palvelut	74,8 %
Strateginen ohjaus ja järjestäminen	73,0 %
Tukipalvelut	65,5 %

Palautuu hyvin työpäivän aiheuttamasta rasituksesta

Hyvinvointialueet keskimäärin	36,5 %
Pirkanmaa	35,6 %
Sote palvelutuotannon johto ja integraatiopalvelut	54,7 %
Pelastuspalvelut	51,9 %
Ikäihmisten ja vammaisten palvelut	30,0 %

Työn eettinen kuormitus: joutuu pohtimaan eettisesti haastavia tilanteita

Hyvinvointialueet keskimäärin	50,6 %
Pirkanmaa	52,5 %
Lasten, nuorten ja perheiden palvelut	62,0 %
Ikäihmisten ja vammaisten palvelut	61,5 %
Tukipalvelut	25,5 %

Työn eettinen kuormitus: joutuu toimimaan sääntöjen ja normien vastaisesti

Hyvinvointialueet keskimäärin	11,9 %
Pirkanmaa	12,2 %
Ikäihmisten ja vammaisten palvelut	18,6 %
Avopalvelut	14,1 %
Sote palvelutuotannon johto ja integraatiotoiminta	3,1 %

Työn eettinen kuormitus: joutuu toimimaan omien arvojen vastaisesti

Hyvinvointialueet keskimäärin	22,2 %
Pirkanmaa	23,3 %

Ikäihmisten ja vammaisten palvelut	35,2 %
Avopalvelut	25,1 %
Sote palvelutuotannon johto ja integraatiotoiminta	9,5 %

Epävarmuustekijä: työmäärien lisääntyminen yli sietokyvyn

Hyvinvointialueet keskimäärin	47,4 %
Pirkanmaa	53,7 %
Avopalvelut	60,6 %
Lasten, nuorten ja perheiden palvelut	60,3 %
Sote palvelutuotannon johto ja integraatiotoiminta	40,6 %

Epävarmuustekijä: vastentahtoinen siirto toisiin tehtäviin

Hyvinvointialueet keskimäärin	22,2 %
Pirkanmaa	30,2 %
Avopalvelut	39,1 %
Sairaalapalvelut	30,9 %
Strateginen ohjaus ja järjestäminen	18,3 %

Epävarmuustekijä: irtisanomisen uhka

Hyvinvointialueet keskimäärin	6,0 %
Pirkanmaa	11,6 %
Sote palvelutuotannon johto ja integraatiotoiminta	23,4 %
Strateginen ohjaus ja järjestäminen	18,6 %
Ikäihmisten ja vammaisten palvelut	8,8 %

Kokee muutokset työssä myönteisiksi

Hyvinvointialueet keskimäärin	14,7 %
Pirkanmaa	12,2 %
Sote palvelutuotannon johto ja integraatiotoiminta	31,3 %
Strateginen ohjaus ja järjestäminen	27,9 %
Lasten, nuorten ja perheiden palvelut	6,6 %

Ei vaikutusmahdollisuuksia muutoksiin töissä

Hyvinvointialueet keskimäärin	49,2 %
Pirkanmaa	55,3 %

Avopalvelut	62,0 %
Ikäihmisten ja vammaisten palvelut	59,1 %
Sote palvelutuotannon johto ja integraatiotoiminta	18,8 %

Kokenut väkivalta- tai uhkatilanteita asiakkaan taholta

Hyvinvointialueet keskimäärin	49,8 %
Pirkanmaa	49,9 %
Ikäihmisten ja vammaisten palvelut	66,4 %
Pelastuspalvelut	53,7 %
Sote palvelutuotannon johto ja integraatiotoiminta	7,8 %

Väkivalta asiakkailta: tavaroiden heitteleminen

Hyvinvointialueet keskimäärin	22,1 %
Pirkanmaa	21,8 %
Ikäihmisten ja vammaisten palvelut	31,2 %
Pelastuspalvelut	26,9 %
Sote palvelutuotannon johto ja integraatiotoiminta	0,0 %

Väkivalta asiakkailta: henkinen väkivalta

Hyvinvointialueet keskimäärin	44,3 %
Pirkanmaa	44,9 %
Ikäihmisten ja vammaisten palvelut	58,8 %
Pelastuspalvelut	51,5 %
Sote palvelutuotannon johto ja integraatiotoiminta	7,8 %

Väkivalta asiakkailta: lyöminen, potkiminen

Hyvinvointialueet keskimäärin	22,2 %
Pirkanmaa	21,4 %
Ikäihmisten ja vammaisten palvelut	39,7 %
Sairaalapalvelut	27,3 %
Sote palvelutuotannon johto ja integraatiotoiminta	0,0 %

Väkivalta asiakkailta: aseella uhkaaminen

Hyvinvointialueet keskimäärin	1,8 %
Pirkanmaa	1,7 %

Pelastuspalvelut	7,1 %
Ikäihmisten ja vammaisten palvelut	1,9 %
Strateginen ohjaus ja järjestäminen	0,0 %

On itse kokenut seksuaalista häirintää asiakkaiden taholta

Hyvinvointialueet keskimäärin	11,9 %
Pirkanmaa	12,7 %
Ikäihmisten ja vammaisten palvelut	22,0 %
Pelastuspalvelut	16,6 %
Strateginen ohjaus ja järjestäminen	0,3 %

Koetusta seksuaalisesta häirinnästä ilmoitettu työnantajalle

Hyvinvointialueet keskimärin	33,0 %
Pirkanmaa	29,7 %
Ikäihmisten ja vammaisten palvelut	40,8 %
Avopalvelut	25,5 %
Sairaalapalvelut	23,1 %

Yhteenveto työosiosta Pirkanmaan hyvinvointialue. Työhön panostetaan paljon ja työ koetaan mielekkääksi. Työhön liittyviä epävarmuustekijöitä koetaan vähän enemmän kuin HVA-tutkimuksessa keskimäärin. Vaikutusmahdollisuudet muutoksiin koetaan hieman heikommaksi kuin HVA-tutkimuksessa keskimäärin Palautuminen haasteena erityisesti ikäihmisten ja vammaisten palveluissa. (Työterveyslaitos 8.1.2024.)

Yhteistoimintamielessä huomio kiintyy siihen, että esimerkkihyvinvointialueen henkilöstöstä 55,3 prosenttia kokee, ettei ole vaikutusmahdollisuuksia muutoksiin töissä. Avopalveluissa luku on 62 prosenttia. Tässä on ehdoton yhteistoimintamenettelyn parantamisen paikka.

Työyhteisö

Työyhteisö on tavoitteellinen

Hyvinvointialueet keskimäärin	66,4 %
Pirkanmaa	65,4 %
Strateginen ohjaus ja järjestäminen	71,8 %

Sote palvelutuotannon johto ja integraatiotoiminta	69,6 %
Avopalvelut	59,1 %

Työyhteisön yhteistyö on toimivaa

Hyvinvointialueet keskimäärin	68,0 %
Pirkanmaa	65,8 %
Lasten, nuorten ja perheiden palvelut	72,7 %
Strateginen ohjaus ja järjestäminen	70,3 %
Pelastuspalvelut	65,0 %

Työyhteisö on innovatiivinen

Hyvinvointialueet keskimäärin	44,9 %
Pirkanmaa	43,0 %
Sote palvelutuotannon johto ja integraatiotoiminta	68,2 %
Strateginen ohjaus ja järjestäminen	49,5 %
Tukipalvelut	40,3 %

Työyhteisö kehittää toimintaansa

Hyvinvointialueet keskimäärin 50,9 %

Pirkanmaa 50,3 %

Sote palvelutuotannon johto ja
integraatiotoiminta 56,9 %

Lasten, nuorten ja perheiden palvelut 55,1 %

Pelastuspalvelut 40,8 %

Työyhteisössä on sosiaalista pääomaa

Hyvinvointialueet keskimäärin 66,9 %

Pirkanmaa 65,0 %

Sote palvelutuotannon johto ja
integraatiotoiminta 73,8 %

Strateginen ohjaus ja järjestäminen 70,6 %

Pelastuspalvelut 59,3 %

Työyhteisö tukee esimiestyötä

Hyvinvointialueet keskimäärin 59,3 %

Pirkanmaa 56,2 %

Sote palvelutuotannon johto ja
integraatiotoiminta 75,3 %

Strateginen ohjaus ja järjestäminen	65,6 %
Tukipalvelut	51,6 %

On itse kokenut syrjintää

Hyvinvointialueet keskimäärin	13,3 %
Pirkanmaa	14,2 %
Ikäihmisten ja vammaisten palvelut	16,4 %
Tukipalvelut	16,1 %
Strateginen ohjaus ja järjestäminen	9,5 %

Koetusta syrjinnästä ilmoitettu työnantajalle

Hyvinvointialueet keskimäärin	60,0 %
Pirkanmaa	59,7 %
Avopalvelut	61,5 %
Sairaalapalvelut	60,1 %
Strateginen ohjaus ja järjestäminen	55,9 %

On itse kokenut työpaikkakiusaamista

Hyvinvointialueet keskimäärin	15,4 %
Pirkanmaa	16,5 %

Tukipalvelut	20,2 %
Ikäihmisten ja vammaisten palvelut	19,6 %
Strateginen ohjaus ja järjestäminen	11,5 %

Koetusta työpaikkakiusaamisesta ilmoitettu työnantajalle

Hyvinvointialueet keskimäärin	49,2 %
Pirkanmaa	51,7 %
Ikäihmisten ja vammaisten palvelut	53,2 %
Sairaalapalvelut	52,1 %
Strateginen ohjaus ja järjestäminen	48,7 %

Työyhteisöt toimivat hyvin ja on paljon sosiaalista pääomaa (Työterveyslaitos 8.1.2024)

Johtaminen

Lähiesihenkilöltä saa tukea työhön

Hyvinvointialueet keskimäärin	59,6 %
Pirkanmaa	56,1 %
Sote palvelutuotannon johto ja integraatiotoiminta	68,3 %

Strateginen ohjaus ja järjestäminen	60,7 %
Pelastuspalvelut	51,7 %

Lähiesihenkilön toiminta koetaan oikeudenmukaiseksi

Hyvinvointialueet keskimäärin	74,4 %
Pirkanmaa	72,4 %
Sote palvelutuotannon johto ja integraatiotoiminta	84,6 %
Strateginen ohjaus ja järjestäminen	79,4 %
Pelastuspalvelut	68,2 %

Päätöksenteko koetaan oikeudenmukaiseksi

Hyvinvointialueet keskimäärin	32,8 %
Pirkanmaa	27,2 %
Sote palvelutuotannon johto ja integraatiotoiminta	45,5 %
Strateginen ohjaus ja järjestäminen	37,2 %
Lasten, nuorten ja perheiden palvelut	21,7 %

Yksilökehityskeskustelu käyty

Hyvinvointialueet keskimäärin	51,2 %
Pirkanmaa	49,7 %
Tukipalvelut	65,4 %
Sairaalapalvelut	64,9 %
Avopalvelut	29,2 %

Pitää yksilökehityskeskustelua hyödyllisenä

Hyvinvointialueet keskimäärin	42,2 %
Pirkanmaa	41,3 %
Sote palvelutuotannon johto ja integraatiotoiminta	57,5 %
Ikäihmisten ja vammaisten palvelut	48,9 %
Pelastuspalvelut	30,3 %

Ryhmäkehityskeskustelu käyty

Hyvinvointialueet keskimäärin	12,4 %
Pirkanmaa	10,7 %
Sote palvelutuotannon johto ja integraatiotoiminta	20,0 %

Tukipalvelut	18,7 %
Strateginen ohjaus ja järjestäminen	6,2 %

Pitää ryhmäkehityskeskustelua hyödyllisenä

Hyvinvointialueet yhteensä	45,1 %
Pirkanmaa	41,8 %
Sote palvelutuotannon johto ja integraatiotoiminta	69,2 %
Strateginen ohjaus ja järjestäminen	61,9 %
Lasten, nuorten ja perheiden palvelut	35,8 %

Yksilö- ja/tai ryhmäkehityskeskustelu käyty

Hyvinvointialueet keskimäärin	56,2 %
Pirkanmaa	54,5 %
Tukipalvelut	70,1 %
Sairaalapalvelut	67,8 %
Avopalvelut	33,8 %

Lähiesihenkilöiden toiminta koetaan oikeudenmukaiseksi, mutta päätöksenteon kokee oikeudenmukaiseksi vain joka kolmas vastaaja. Kehityskeskustelun oli käynyt vain noin puolet vastaajista, tosin vuotta oli vielä tutkimusaikana jäljellä.

Pito- ja vetovoima

Uskoo jatkavansa työssä eläkeikään saakka

Hyvinvointialueet keskimäärin	63,4 %
Pirkanmaa	60,0 %
Sote palvelutuotannon johto ja integraatiotoiminta	79,7 %
Strateginen ohjaus ja järjestäminen	78,5 %
Pelastuspalvelut	45,6 %

On harkinnut työnantajan vaihtamista

Hyvinvointialueet keskimäärin	53,1 %
Pirkanmaa	56,5 %
Lasten, nuorten ja perheiden palvelut	65,3 %
Avopalvelut	60,9 %
Tukipalvelut	39,6 %

Suosittelisi työnantajaa ystävilleen

Hyvinvointialueet keskimäärin	60,8 %
Pirkanmaa	47,9 %
Sote palvelutuotannon johto ja integraatiotoiminta	65,6 %
Strateginen ohjaus ja järjestäminen	61,5 %
Lasten, nuorten ja perheiden palvelut	34,5 %

Työnantajan vaihtamista on harkittu hieman useammin kuin HVA-tutkimuksessa keskimäärin. Työnantajaa suosittelisi ystävälle hieman harvemmin kuin HVA-tutkimuksessa keskimäärin. (Työterveyslaitos 8.1.2024.)

Tärkeätä on, että tutkimustulokset käydään läpi eri organisaatiotasoilla johdossa ja työpaikoilla sekä yhteistoimintaelimessä, yhteistoimintaryhmissä ja työsuojelutoimikunnissa. Pirkanmaan hyvinvointialue: "Esihenkilöt käsittelevät tulokset omissa yksiköissään ja suunnittelevat jatkotoimenpiteet yhdessä henkilöstönsä kanssa yksikön tulosten pohjalta. Henkilöstöpalvelujen asiantuntijat ohjeistavat ja ovat johtajien sekä esihenkilöiden apuna toimeenpanossa. Vastuualue-tasoisesti nostetaan 1 – 2 eniten henkilöstön työkyvylle ja/tai terveydelle haittaa aiheuttavaa osa-aluetta sekä huomioidaan 1 – 2 vahvuutta, joista huolehditaan myös jatkossa. Näitä nostoja seurataan ja niistä raportoidaan vuoden 2024 toisessa osavuosikatsauksessa". (Aluehallitus 15.1.2024.)

Yhteistoiminnan edellytykset ja esteet

Tutkittua tietoa työnantajan ja henkilöstön yhteistoiminnasta on ja sitä kannattaa hyödyntää myös hyvinvointialueilla. Selvitin lisensiaatintyössäni (Suonsivu 2018) muun muassa yhteistoimintaa edistäviä tekijöitä ja yhteistoimintaa haittaavia tekijöitä. Tein tutkimuskyselyni sairaanhoitopiirissä, mikä nyt on osa hyvinvointialuetta. Seuraavassa tiivistetysti edistäviä ja haittaavia tekijöitä työyhteisöissä.

Edistäviä tekijöitä:

Pyritään yhteiseen päämäärään

Yhteistoiminnan ydin on työnantajan ja henkilöstön voimavarojen yhdistäminen yhteisten päämäärien saavuttamiseksi. Tavoitteiden tulee olla yhteisesti hyväksyttyjä ja kaikkien tiedossa. Yhteistoimintamenettely ja sen mahdollisuudet tunnetaan riittävän hyvin. Vältetään vastakkainasettelua, keskustellaan avoimesti, sitoudutaan päätöksiin ja toimitaan sovitusti.

Toiminta on tuloksellista

Yhteistoimintamenettely edesauttaa ja tukee tuloksellista toimintaa. Työyhteisön ammatillinen rakenne on oikea, pelisäännöt ovat selkeät, esimies on osaava ja tasapuolinen, työntekijöiden kyvykkyyttä käytetään, kokeillaan rohkeasti uusia toimintatapoja ja parannusehdotuksia.

Aidot vaikutusmahdollisuudet

Työpaikkakokouksia järjestetään säännöllisesti ja niissä on avoin keskusteleva ilmapiiri. Lähiesimies on kuunteleva ja antaa kaikkien tuoda mielipiteensä ja näkemyksensä julki, henkilöstö on mukana toiminnan suunnittelussa, työnantajan ja työntekijöiden välinen vuorovaikutus on avointa ja rehellistä, työryhmissä on ammattitaitoiset edustajat ja ihmiset haluavat ja osaavat vaikuttaa. Kehityskeskustelut käydään kaikkien työntekijöiden kanssa.

Toiminta on osallistavaa

Kaikilla on tasavertaiset mahdollisuudet osallistua. Työpaikkakokoukset ovat säännöllisiä ja niissä annetaan jokaiselle puheenvuoro. Kenenkään mielipiteitä ei vähätellä. Tehdään paljon yhdessä. Ylläpidetään myönteistä, avointa ilmapiiriä. Työnantaja huolehtii henkilöstön osallistumisen edellytyksistä.

Viestintä on avointa ja tehokasta

Tiedotetaan riittävästi ja oikea-aikaisesti. Tieto kulkee työnantajan edustajilta henkilöstölle ja päinvastoin sekä yhteistyöelimiltä työpaikoille ja päinvastoin. Yhteisiä tilaisuuksia on riittävästi. Tietoa ei pantata ja toimitaan läpinäkyvästi. Huolehditaan henkilöstön viestintätaidoista.

Työyhteisö voi hyvin

Työyhteisö voi hyvin, jos työpaikalla on hyvä työilmapiiri ja ihmissuhteet toimivat. Tärkeitä ovat muun muassa henkilöiden keskinäinen kunnioitus, jokaisen työn arvostus, huolenpito ja välittäminen, oikeudenmukainen kohtelu, kiireen välttäminen ja ongelmiin puuttuminen varhaisessa vaiheessa. Työyhteisön hyvinvointia lisää myös aktiivinen työkykyä ylläpitävä toiminta.

Haittaavia tekijöitä:

Yhteinen päämäärä ja tavoitteet

Ei sitouduta työpaikan tavoitteisiin, vanhanaikaiset asenteet, muutosvastarinta, luottamuspula, ennakkoluulot, vastakkainasettelua, huono keskustelukulttuuri, ei ymmärretä kokonaisuuksia, ei tunneta riittävän hyvin yhteistoimintamenettelyä.

Toiminnan tuloksellisuus

Heikko johtajuus, lähiesimiesten puutteelliset esimiestaidot, välinpitämättömyys, kyvyttömyys ja osaamattomuus, puuttumattomuus työyhteisön asioihin, kehittämisen estävä liiallinen kuormitus ja työnohjauksen puute.

Vaikutusmahdollisuudet

Yhteistoimintaa ja henkilöstön vaikutusmahdollisuuksia haittaavat: tietämättömyys ja osaamattomuus, asioita ei tuoda yhteistoimintamenettelyyn, ei tiedetä riittävästi

esillä olevasta asiasta, ei uskalleta ottaa kantaa kokouk-
sissa, pelätään sanoa oma mielipide, asioista ei keskus-
tella järjestöjen kesken, kokemus ettei voi vaikuttaa asi-
oihin, kiire, perustehtävän hoito vie kaiken ajan eikä eh-
ditä puuttua asioihin silloin kun pitäisi.

Osallistava toiminta

Yhteistoimintaa ja osallistavaa toimintaa haittaavia teki-
jöitä ovat: avoimen keskustelun puute, ei ehdi osallis-
tumaan yhteisiin työpaikkakokouksiin, vuorotyö, yöaika-
järjestelyt, vaikea löytää yhteistä aikaa, kiinnostuksen
puute, perinteissä pitäytyminen, eristäytyminen omiin
reviireihin, kaikkitietävä johto ja äänetön kokous.

Viestintä

Yhteistoimintaa haittaa muun muassa nämä viestinnälli-
set tekijät: tiedonkulun ongelmat, tiedon puute, salassa
valmistelu, ei tiedoteta oikeaan aikaan, passiivinen kult-
tuuri, ei käytetä intranettiä, 3-vuorotyö vaikeuttaa tie-
don kulkua.

Työyhteisön hyvinvointi

Yhteistoimintaa ja työhyvinvointia työyhteisössä haittaavat: huonot ihmissuhteet, epäluuloinen suhtautuminen johtoon ja esimiehiin, kateus, epätasa-arvo, vaikeiden asioiden välttely, huhut, hiljaiset erimielisyydet, työuupumus, huono käytös, ongelmia puidaan kuppikunnissa, huono työilmapiiri, ammattiryhmien väliset jännitteet ja yksilöiden kyvyttömyys yhteiseen avoimeen keskusteluun.

Vuorovaikutus ja tiedonkulku hyvinvointialueella

Hyvinvointialueiden ensimmäinen toimintavuosi on ollut työn täyteinen. Toimintojen järjestäminen uudessa isossa organisaatiossa on työllistänyt sekä työnantajan että henkilöstön edustajia. Eräs johtava henkilö tiivisti asian minulle näin: "Kokouksia aamusta iltaan". Etenkin nyt osapuolten vuoropuhelun eli dialogin merkitys korostuu entisestään. On todella tärkeätä selvittää osapuolten todelliset näkemykset asioihin, jotta saavutettaisiin yhteinen näkemys hyvinvointialueen tavoitteista ja keinoista, joilla niihin päästään. Toistan jälleen työnantajan ja henkilöstön yhteistoiminnan ytimen eli voimavarojen yhdistämisen yhteisten tavoitteiden saavuttamiseksi. Hyvinvointialueella työnantajan edustajat ja henkilöstön edustajat ovat viime kädessä "samassa veneessä", joten voimavarojen tuhlaaminen vastakkainasetteluun ei ole viisasta. Sen sijaan on viisasta etsiä ja sopia yhteisistä tavoitteista.

Työnantajan ja henkilöstön välisessä vuorovaikutuksessa keskeisiä osia ovat tiedon jakaminen, neuvottelut ja päätöksentekoon osallistuminen. Kun on tutkittu työnantajan ja henkilöstön välistä yhteistoimintaa edistäviä ja haittaavia tekijöitä, tiedottaminen nousee vahvasti esille. Viestinnässä on tärkeätä vuorovaikutuksellisuus. Tiedon pitäisi liikkua organisaatiossa sekä ylhäältä alas että alhaalta ylös. (Suonsivu 2018.)

Tiedottamisen tulee olla oikea-aikaista ja avointa. Tietoa ei tule pantata. Työssäni näin, että henkilöstö halusi tietoja valmisteltavista asioista mahdollisimman aikaisin, jotta voisivat muodostaa asiaan kantansa ja tuoda näkemyksensä esille yhteistoiminnan kanavia käyttäen. Osa valmistelevista virkamiehistä halusi kertoa asiasta vasta sitten, kun valmistelu olisi edennyt pidemmälle. Joka tapauksessa yhteistoiminta edellyttää, että käsiteltävistä asioista annetaan riittävästi tietoa henkilöstölle ja henkilöstön edustajille ennen päätöksentekoa.

Tiedon kulun järjestäminen hyvinvointialueella on haasteellista, koska hyvinvointialue on suuri ja moniportainen. Sähköiset välineet ovat mahdollistaneet nopean tiedottamisen ja vuorovaikutteisen tiedon kulun. Työpaikkakokoukset ja muut vastaavat toimivat edelleenkin tärkeinä tiedonvälittäjinä. Myös muut välittömän yhteistoiminnan muodot, kuten tiedotus- ja koulutusluonteiset tilaisuudet edistävät vuorovaikutuksellista tiedon kulkua.

Ammattijärjestöjen rooli hyvinvointialueen yhteistoiminnassa

Työntekijät Suomessa ovat hyvin järjestäytyneitä heitä edustaviin ammattijärjestöihin, näin myös hyvinvointialueilla. Ammattijärjestöillä on työpaikoilla paljon valtaa. Perinteisen luottamusmiesjärjestelmän kautta hoidetaan työntekijöiden edunvalvontaa, kuten palkkaus- ja palvelussuhdeasioita. Yhteistoiminnan osalta henkilöstön edustajina toimivat ammattijärjestöjen nimeämät edustajat hyvinvointialueen yhteistoimintaelimissä. Työsuojelun yhteistoimintaa hyvinvointialueella hoitavat työsuojeluvaltuutetut sekä työsuojeluyhdyshenkilöt.

Hyvinvointialueilla ensimmäinen toimintavuosi on työllistänyt todella paljon myös ammattijärjestöjen nimeämiä henkilöstön edustajia. Toimintoja on organisoitu ja yt-neuvotteluja käyty runsaasti. Sovittaessa asioita työnantajan ja henkilöstön edustajien kesken korostuu yhteistoiminnan ydin eli työnantajan ja henkilöstön voimavarojen yhdistäminen yhteisen päämäärän saavuttamiseksi. Pystytäänkö määrittelemään yhteiset tavoitteet ja keinot niihin pääsemiseksi hyvinvointialueella? Toimitaanko järjestöjen edunvalvonta edellä vai todelliseen yhteistoimintaan rakentavasti pyrkien? Tilanteen tekee mielenkiintoiseksi se, että monet edunvalvontatyötä tekevät ammattijärjestöjen edustajat toimivat myös yhteistoimintaelimissä.

Samojen henkilöiden, jotka luottamusmiesorganisaatiossa toimivat tiukasti edunvalvojina, tuleekin yhteistoiminnan puolella pyrkiä kaikin tavoin yhdistää voimavarat työnantajan kanssa, jotta päästäisiin yhteisesti sovittuihin tavoitteisiin työorganisaatiossa. Tämä vaatii henkilöstön edustajilta laajaa näkemystä, tahtoa, taitoa ja osaamista sekä tasapainoista persoonallisuutta. (Suonsivu 2020.)

Hyvinvointialue on julkisyhteisö, jossa päätöksiä tehdään organisaation eri tasoilla. Keskeiset vuosittaiset linjaukset ja päätökset toimintojen ja resurssien osalta vahvistaa viime kädessä aluevaltuusto hyväksyessään toiminta-, talous- ja henkilöstösuunnitelmat. Käytännön arjessa päätöksiä tekevät johtajat ja esihenkilöt.

Ammattijärjestöjen mahdollisuudet vaikuttaa asioiden valmisteluun ja päätöksentekoon yhteistoimintamenettelyn kautta on turvattu yhteistoimintalain ja sopimusten avulla. Yhteistoimintalaki ei rajoita hyvinvointialueen päättäjien päätösvaltaa, mutta ennen kuin työnantaja ratkaisee yhteistoimintamenettelyn piiriin kuuluvan asian, hänen on neuvoteltava yhteistoiminnan hengessä toimenpiteen perusteista, vaikutuksista ja vaihtoehdoista ainakin niiden henkilöiden tai henkilöstön edustajien kanssa, joita asia koskee. Yhteistoimintamenettelyn avulla henkilöstö ja henkilöstön edustajat saavat näkemyksensä ja ehdotuksensa päättäjien tietoon ja huomioon otettaviksi. Viisas päättäjä näkeekin yhteistoimintamenettelyn tukevan päätöksenteko.

Hyvän yhteistoiminnan merkitys ja mahdollisuudet

Hyvinvointialueella työnantajan ja henkilöstön edustajat ovat vanhaa sanontaa käyttäen samassa veneessä. Toiminnan taloudelliset resurssit tulevat valtiolta ja ovat rajalliset. Toimintoja on ensimmäisenä toimintavuonna jouduttu järjestämään uudelleen varsin paljon. Tämä on merkinnyt yt-neuvotteluja työnantajan ja henkilöstön edustajien kesken. Yhteistoimintamenettely on antanut mahdollisuuden yhteistyössä ratkaista hyvinkin vaikeita asioita hyvinvointialueella.

Pieni kurkistus historiaan osoittaa yhteistoiminnan vahvistuneen vuosien myötä, mikä kertoo sen merkityksellisyydestä. 1970 –luvun lopulla voimaan tulleet työpaikkademokratiaa koskeva suositussopimus avasi tien todelliselle työnantajan ja henkilöstön väliselle yhteistoiminnalle. 1990 –luvulla yhteistoiminta muuttui suositussopimuspohjalta virka- ja työehtosopimuksen luonteiseksi.

Vuonna 2007 säädetty laki työnantajan ja henkilöstön välisestä yhteistoiminnasta kunnissa muutti yhteistoiminnan lakisääteiseksi toiminnaksi.

Yhteistoiminnan merkitys on siis kasvanut ja vahvistunut vuosien myötä. Asioiden valmistelijat ja päätöksiä tekevät ovat yhteistoiminnan avulla saaneet henkilöstön näkemykset ja kannanotot tietoonsa ja henkilöstö on päässyt vaikuttamaan yhteistoiminnan piiriin kuuluviin asioihin jo niiden valmisteluvaiheessa ja ainakin ennen päätöksenteko. Yhteistoimintamenettely on mahdollistanut sen, että päätöksiä hyvinvointialueella tehdään laajan tiedon perusteella.

Yhteistoiminnan mahdollisuudet paranevat entisestään, jos yhteistoiminnan tavoitteet pystytään määrittelemään yhteistyössä työnantajan ja henkilöstön edustajien kesken. Parhaimmillaan saavutetaan yhteistoiminnan ydin, jossa yhteistoiminnan ensisijainen tehtävä on osapuolten voimavarojen yhdistäminen yhdessä sovittujen päämäärien saavuttamiseksi.

Hyvä ja toimiva yhteistoiminta edellyttää, että yhteistoi-
mintamenettely ja työsuojelun yhteistoiminta on nivel-
letty onnistuneesti hyvinvointialueen organisaatioon sen
jokaisella tasolla. Yhteistoiminnan mahdollisuuksia lisää-
vät työnantajan ja henkilöstön edustajien yhteiset koulu-
tustilaisuudet, joissa tieto itse yhteistoiminnasta ja ym-
märrys osapuolten näkemyksistä lisääntyy sekä yhteistoi-
mintavalmiudet vahvistuvat. Tärkeätä on myös huolehtia
välittömän yhteistoiminnan toteutumisesta työpaikoilla
niin, että henkilöstöllä on todelliset mahdollisuudet vai-
kutta heitä itseään ja omaa työyhteisöään koskeviin asi-
oihin.

Lopuksi

Hyvinvointialueet aloittivat toimintansa vuoden 2023
alusta. Tätä kirjaa kirjoittaessani ne ovat toimineet yhden
kokonaisen kalenterivuoden. Ensimmäinen toiminta-

vuosi on tarkoittanut suurta työmäärää, kun hyvinvointi-
alueelle kuuluvia tehtäviä on organisoitu käytettävissä
olevien talous- ja henkilöstöresurssien puitteissa. Suo-
men suurimman hyvinvointialueen johtaja arvioi alkutai-
valta näin: " Hyvinvointialueen alku on ollut täynnä muu-
toksia. Siitä huolimatta olemme keskittyneet alueen vä-
estön palvelujen turvaamiseen pitkälle tulevaisuuteen.
Järjestämisvastuun siirto kunnilta, sairaanhoitopiiriltä ja
pelastuslaitokselta hyvinvointialueelle onnistui asia-
kasnäkökulmasta pääosin hyvin. Myös uudistusten pe-
rustana oleva päätösten valmistelu ja poliittinen päätök-
sentekokyky on Pirkanmaalla ollut tehokasta ja aikaan-
saavaa. Työtä on vielä moneksi vuodeksi, mutta näistä
lähtökohdista on hyvä jatkaa eteenpäin". (Uutisia Pirkan-
maan hyvinvointialueelta/ huhtikuu 2024.)

Henkilöstön edustajien kannalta ensimmäinen toiminta-
vuosi on merkinnyt toimintojen muutosten myötä paljon
yhteistoimintaneuvotteluja työnantajan edustajien
kanssa. Pääosin yhteistoiminta on ollut rakentavaa ja

sekä yhteistoimintamenettely että työsuojelun yhteis-
toiminta hyvinvointialueella on saatu järjestettyä. Tämä
on vaatinut työnantajan edustajilta ja työntekijöiden
edustajilta runsaasti työtä. Henkilöstön edustajat ovat
esimerkkinä käyttämälläni hyvinvointialueella tulleet
kuulluksi yhteistoimintaa järjestettäessä.

Yhteistoiminnan organisointi hyvinvointialueella on mer-
kinnyt muutoksia aiempaan kunnan tai sairaanhoitopiirin
yhteistoimintaan. Edustuksellinen yhteistoiminta (hyvin-
vointialueen yhteistoimintaelin sekä palvelulinja- ja vas-
taavan tason yhteistoimintaryhmät) toimii korkealla or-
ganisaatiossa. Kun aiemmin sairaanhoitopiirissä oli kulla-
kin toimialueella oma edustuksellinen yhteistyöryhmä,
niin hyvinvointialueen yhteistoimintaorganisaatiossa sai-
raalapalvelut kokonaisuudessaan kuuluvat sote-palvelui-
den yhteistoimintaryhmään. Hyvinvointialueen yhteis-
toimintaryhmät edustavat siis aiempaa suurempia työ-
yhteisökokonaisuuksia. Tämä tarkoittaa myös sitä, että
on entistä tärkeämpää hoitaa hyvin välitön yhteistoi-
minta työyhteisöissä.

Hyvin hoidettu yhteistoiminta työnantajan ja henkilöstön kesken on osoittautunut voimavaraksi myös hyvinvointialueilla.

Lähteet ja kirjallisuus

Airaksinen, J. (2009) Hankala hallintouudistus. Tampereen yliopistopaino Oy – Juvenes Print. Tampere.

Alasoini, T. (2010) Mainettaan parempi työ. Kymmenen väitettä työelämästä. EVA. Taloustieto Oy. Yliopistopaino. Helsinki.

Harisalo, R. (2009) Organisaatioteoriat. Tampere University. Press.

Harisalo, R. Ranta, A. & Talkkari, A. (2019) Systemaattinen väittely strategisessa päätöksenteossa. Hallinnon tutkimus. Nro 3.

Harisalo, R. (2020) Katalysoiva puhe: Jutustelu, keskustelu, väittely ja dialogi päätöksentekoa uudistavina voimina. Satucon Oy. Tampere.

Harisalo, R. (2020) Päätöksenteon rationaalisuus – realistinen vai epärealistinen tavoite? Hallintoakatemia.

HE 24/2021 Hallituksen esitys eduskunnalle hyvinvointialueiden perustamista ja sosiaali- ja terveyshuollon sekä pelastustoimen järjestämisen uudistusta koskevaksi lainsäädännöksi sekä Euroopan paikallisen itsehallinnon peruskirjan 12 ja 13 artiklan mukaisen ilmoituksen antamiseksi.

Kunnallinen työmarkkinalaitos (1993) Yhteistoiminta-menettelyä koskeva yleissopimus. Helsinki.

Kunnallinen työmarkkinalaitos (1993) Uuteen yhteistoi-mintaan. Helsinki.

Kunnallinen työmarkkinalaitos (2002) Yleissopimus yh-teistoimintamenettelystä soveltamisohjeineen. Helsinki.

Kunnallinen työmarkkinalaitos (2022) Kunta- ja hyvin-vointialan työsuojelun yhteistoimintaa koskeva virka- ja työehtosopimus.

Kunnallinen työmarkkinalaitos (2002) Kunnallisen alan työsuojelu- ja työympäristösopimus. Helsinki

Kunnallinen työmarkkinalaitos (2005) Yhteistoiminta ja työelämän kehittäminen kunta-alalla. Sopimuksia ja suo-situksia yhteistoiminnasta, tuloksellisuudesta, henkilös-töjohtamisesta ja työhyvinvoinnista. Helsinki.

Kunnallinen työmarkkinalaitos (2007) Ohjeet työnanta-jan ja henkilöstön välisestä yhteistoiminnasta kunnissa. Helsinki.

Laki hyvinvointialueista (29.6.2021/611)

Laki työnantajan ja henkilöstön välisestä yhteis-toimin-nasta kunnissa (449/2007).

Laki työnantajan ja henkilöstön välisestä yhteis-toimin-nasta kunnissa annetun lain muuttamisesta (631/2021).

Laki työnantajan ja henkilöstön välisestä yhteistoiminnasta kunnassa ja hyvinvointialueella.

Laki työnantajan ja henkilöstön välisestä yhteistoiminnasta kunnassa ja hyvinvointialueella annetun lain 8 ja 9 §:n muuttamisesta (408/2023).

Laki työsuojelun valvonnasta ja muutoksenhausta työsuojeluasioissa (131/1973).

Laki työsuojelun valvonnasta ja työpaikan työsuojeluyhteistoiminnasta (44/2006).

Pirkanmaan hyvinvointialue (2023) Työnantajan ja henkilöstön välinen yhteistoiminta Pirkanmaan hyvinvointialueella 1.1.2023 alkaen. Yhteistoimintalakia täydentävä ohje.

Pirkanmaan hyvinvointialue (2024) Työhyvinvointitutkimuksen 2023 tulokset. Aluehallituksen kokous 15.1.2024.

Pirkanmaan hyvinvointialue (2023 ja 2024) Yhteistoimintaelimen pöytäkirjat.

Pirkanmaan hyvinvointialue (2024) Uutisia hyvinvointialueelta. Huhtikuu 2024.

Raunio, T. & Saari, J. toim. (2021) Moninaisuudessaan yhtenäinen? Euroopan unionin suunta. Caudeamus Oy. Grano Oy. Helsinki.

Satuli, H (2020) EU-perusteos. Kirjapaino Grano Oy. Helsinki.

Siren, R. (2021) Ehdotus Pirkanmaan hyvinvointialueen toimintamalliksi. Kalvosarja. Pirkanmaan liitto. Tampere.

Suonsivu, K (2003). Kun mikään ei riitä. Hoitotyöntekijöiden masennuksen kokemukset ja niiden yhteydet työyhteisötekijöihin. Acta Universitatis Tamperensis 926. Tampere.

Suonsivu, K. (2021) Kansalaisen hyvinvointi, terveys, sairaudet ja mediaviestintä. BoD – Books on Dermand. Helsinki.

Suonsivu, P. (2018) Osallistun ja vaikutan. Tutkimus henkilöstön vaikutusmahdollisuuksista yhteistoimintamenettelyssä sairaanhoitopiirissä. Lisensiaatintyö. Tampereen yliopisto. Johtamiskorkeakoulu.

Suonsivu, P. (2019) Henkilöstön vaikutusmahdollisuudet yhteistoiminnassa. BoD – Books on Demand. Helsinki

Suonsivu, P. (2020) Tie hyviin päätöksiin terveydenhuollossa. BoD – Books on Demand. Helsinki.

Suonsivu, P. (2021) Yhteistoimintajohtaminen terveydenhuollossa. BoD – Books on Demand, Helsinki.

Suonsivu, P. (2023) Katsaus yhteistoiminnan historiaan. BoD – Books on Demand, Helsinki

Syvänen, S. (2003). Työn paineet ja puuttumattomuuden kustannukset. Tutkimus sisäisen tehottomuuden lähteistä ja vaikutuksista, esimerkkikohteena kuntien sosiaalitoimen vanhuspalveluja tuottavat työyhteisöt. Acta Universitatis Tamperensis 942. Tampereen yliopisto.

Tarkkonen, J. (2005) Yhteistoiminnan ehdoilla, ymmärryksen ja vallan rajapinnoilla. Työsuojelu-valtuutetut ja – päälliköt toimijoina, työorganisaatiot yhteistoiminnan areenoina ja työsuojelujärjestelmän kehittämisen kohteina. Acta Universitatis Ouluensis. Oulu.

Tarkkonen, J. (2016) "Näin on tehty ennenkin". Tutkimus turvallisuuden ja hyvinvoinnin kokonaishallintaa estävistä ja vaikeuttavista uskomuksista. Akateeminen väitöskirja. Acta Universitatis Lapponiensis 318. Lapin yliopisto. Rovaniemi.

Tarukannel, T. Lehikoinen, M. & Harisalo, R. (2022) Poliittisen vaikutusvallan turvaaminen hyvinvointi-alueilla. Tampere.

Työturvallisuuskeskus (2017) Luottamuksen rakentaminen työyhteisön vuorovaikutuksessa.

Työterveyslaitos (2023) HVA-työhyvinvointitutkimus, Pirkanmaan hyvinvointialue.

Työturvallisuuskeskus (2020) Johtaminen ja esimiestyö.

Vartola, J. (2005) Näkökulmia byrokratiaan. Tampereen Yliopistopaino Oy – Juvenes Print. Tampere.